PATRIZIO GATTI

AZZERARE
GLI SPRECHI AZIENDALI

Come Migliorare l'Efficienza
dell'Impresa Attraverso
il Controllo dei Costi

Titolo

"AZZERARE GLI SPRECHI AZIENDALI"

Autore

Patrizio Gatti

Editore

Bruno Editore

Sito internet

http://www.brunoeditore.it

Sommario

Dedicato a Judith C. Lanier

Maestra di vita aziendale

Introduzione

«Non tutto quello che si può contare conta, e non tutto quello che conta può essere contato».

Albert Einstein

Leggendo questa guida entrerai nell'universo dei costi aziendali e scoprirai alcuni modi pratici per controllarli e ridurre gli sprechi.

È molto importante rendersi conto che conoscere tutte le spese è essenziale per avere una base per le scelte da intraprendere. Scopriremo insieme la capacità che i costi hanno di essere veri elementi per le decisioni aziendali; sono inoltre importanti "semafori" per le conseguenze economiche che si possono creare a seconda delle scelte che vengono effettuate.

Per arrivare a tali risultati è fondamentale avere un sistema di controllo che sia adatto alla dimensione aziendale, calibrato al settore di attività che l'impresa svolge, e soprattutto che il rapporto costi/benefici per la costruzione e il mantenimento dello stesso sia sempre a favore dei benefici.

Cercheremo di scoprire se e dove si guadagna, dove si perde, se ci sono dispersioni e come combatterle, se i prezzi di vendita sono giusti, se occorre adottare una strategia piuttosto che un'altra.

Per arrivare al succo di ciò che sarà il contenuto dell'ebook, gli imprenditori mi rivolgono alcune domande alle quali cercherò di dare una risposta. Eccone un elenco.

- Quanti soldi getto via senza accorgermene?
- Qual è il reparto che rende di più?
- Si può fare a meno del settore meno redditizio?
- Qual è il prodotto che devo eliminare e quello invece su cui puntare?
- Quanto guadagno veramente sui lavori che realizzo?
- Che indici posso utilizzare per mettere sotto controllo le commesse?

Tramite gli strumenti di contabilità analitica ti addentrerai nell'azienda mettendo sotto controllo tutte le attività e con l'ausilio di fogli di calcolo verificherai i costi rappresentati dai fornitori, dalle rilavorazioni, dalle scarse produttività. Scoprirai principi di base che vanno bene sia per imprese di grandi e medie dimensioni che per micro e piccole imprese.

L'ebook è rivolto a chi vuole limitare al massimo gli sperperi di denaro nella sua azienda, a tutti gli amministrativi esperti che intendono confrontare il loro sistema di controllo, agli imprenditori che desiderano mettere sotto esame i costi della loro impresa, a chi non è specialista in materia e che vuole avere una base sulla quale implementare un sistema di verifica gestionale.

Come dico in ogni corso formativo, per ottenere dei buoni risultati occorrono impegno, determinazione e giuste strategie.

Buona lettura,
Patrizio Gatti

CAPITOLO 1:

Come iniziare con il controllo degli sprechi

«Le cose lasciate prive di controllo iniziano a deteriorarsi».

Dwight D. Eisenhower

Per essere il più possibile realistici, entriamo in azienda e cominciamo a guardarla dall'alto. Cosa c'è di superfluo? Che spese possiamo diminuire? Proviamo a distaccarci il più possibile per risparmiare risorse che possono essere utili invece che sprecarle, cosa non facile ma spesso necessaria nei periodi di crisi.

Poiché sto scrivendo questo manuale in un momento molto difficile per tante imprese, posso testimoniare che molte organizzazioni per salvarsi hanno dovuto tagliare una gran quantità di costi e spesso i responsabili si sono accorti che molti oneri, che fino ad allora avevano sostenuto e che sembravano necessari, erano in realtà non indispensabili.

Altre imprese, invece, non potendo diminuire le spese, hanno dovuto cercare di migliorare al massimo i loro processi organizzativi e ridurre le inefficienze interne. Per arrivare a ciò gli imprenditori hanno dovuto fare di frequente una dura autoanalisi della loro situazione e, non di rado, hanno affrontato scelte coraggiose per portare avanti il loro business.

Ho fatto tutta questa premessa per sensibilizzarti al fatto che l'unica cosa certa che hai in azienda sono i costi e le uscite finanziarie necessarie a sostenerli o l'indebitamento cui devi ricorrere per onorare i pagamenti. Quindi, anche se può sembrare una cosa scontata, l'imperativo dovrebbe essere il controllo e la diminuzione delle spese inutili e delle inefficienze che portano a dispendi di denaro.

Per analizzare le spese, oltre ai bilanci e alle situazione contabili economiche infrannuali, possiamo utilizzare la contabilità analitica, definita anche industriale o dei costi. Essa permette un esame approfondito dei fenomeni gestionali tramite la verifica dei centri di costo, delle commesse e dei prodotti. La contabilità analitica è uno strumento del controllo di gestione aziendale attraverso il quale la dirigenza gestisce e coordina le risorse disponibili. A questa aggiungerei il riscontro dei costi della qualità, metodologia con la quale si misurano gli sprechi e le inefficienze. In entrambi i casi, i sistemi sono interni e facoltativi, senza metodi rigidi per il loro funzionamento, con delle regole generali da rispettare ma con libertà di organizzazione e flessibilità, per permettere anche una certa adattabilità al cambiamento.

Con la contabilità industriale per prodotto si valutano i profitti delle singole produzioni dell'azienda, arrivando a costruire dei veri e propri conti economici relativi a ogni unico articolo. Per quanto riguarda invece i centri di costo, viene messo sotto analisi il reparto nel suo insieme e da questo poi, le spese vengono imputate ai beni o alle prestazioni.

Nelle produzioni su commessa si mettono in lavorazione prodotti o servizi in seguito all'ordinativo del cliente e con la contabilità dei costi vengono monitorati tempi e spese di realizzazione del lavoro commissionato.

I fatti aziendali dai quali prendo esempio riguardano organizzazioni che operano in diversi settori: metalmeccanico, impiantistico, infissi, carpenteria, lapideo, produzione e commercio, servizi ecc. con dimensioni che vanno da aziende che hanno un dipendente a strutture che contano 70-80 persone tra impiegati e lavoratori esterni. Questo a dimostrazione che la contabilità analitica e in generale il controllo dei costi, con le dovute cautele, si può applicare a prescindere dalla dimensione. Ti accorgerai, dunque, che le esigenze degli imprenditori possono essere simili anche se i settori sono molto diversi.

Dai colloqui iniziali con alcuni di essi, invece, emerge frequentemente un certo scetticismo ad applicare questa tipologia di controllo soprattutto ad alcune realtà, secondo loro troppo peculiari o settoriali. La mia risposta è sempre la solita, e ne sono un convinto sostenitore: «Ogni impresa dovrebbe fare il controllo gestionale e dei costi proporzionato alla sua realtà. Solo così si evita di non conoscere la propria gestione aziendale».

Il sistema di verifica delle spese, di qualsiasi natura esse siano, ha un "comune denominatore": deve partire dall'inizio dell'operazione. Per evitare di incorrere in costi di insuccesso, cioè perdite economiche, occorre realizzare correttamente i procedimenti produttivi sin dal principio. In alcuni casi i processi di lavorazione si possono intraprendere sin dall'inizio della preventivazione e progettazione, in altri dal momento dell'acquisto di materiale utile, o sin dall'avvio del processo di trasformazione.

Dall'istante in cui decidi di avventurarti in un sistema di contabilità industriale o di rilevazione dei costi nascosti, dovrai cominciare a "pensare analitico"; ciò significa che ogni costo che nasce deve avere una sua collocazione nel procedimento per le registrazioni dei dati.

Ti sembra difficile? A mio parere, l'importante, quando si fa controllo gestionale, è la costanza. Se lo fai inizialmente e poco dopo molli la presa, sarà tutto inutile e avrai speso energie importanti. Quindi cerca di persistere, solo così otterrai nel tempo ottimi risultati economici, oltre che motivazionali, poiché ti porrai degli obiettivi di miglioramento da perseguire, ma soprattutto riuscirai a mettere in luce aspetti aziendali che prima riuscivi a malapena a percepire. In pratica, occorre dare ordine e metodo a ciò che la maggior parte delle aziende già fanno. Per far sì che tutta l'organizzazione abbia dei vantaggi dall'applicazione dei sistemi di controllo, ci deve essere alla base un'adeguata formazione sulla loro applicazione per tutti i membri dell'azienda coinvolti, i quali dovranno poi contribuire al raggiungimento dei risultati di miglioramento prefissati dalla direzione.

SEGRETO n. 1: per il successo della propria azienda un ottimo punto di partenza è scoprire esattamente tutti i costi e decidere strategicamente il da farsi, in modo che essi mantengano il giusto peso nella gestione dell'impresa.

Come introdurre in azienda il controllo dei costi della non qualità
Nell'ambito del controllo gestionale, mi ha sempre affascinato l'utilizzo dei costi della non qualità per scoprire i costi nascosti delle imprese. Ho cominciato ad applicare e a studiare tale tecnica per trovare questo tipo di oneri nel 2000.

Mi appassionai subito alla materia poiché era un campo che in pochi applicavano, almeno per le piccole imprese, cioè la maggior parte del mio bacino di utenza. Fortunatamente in un'azienda del settore metalmeccanico, che aveva iniziato il percorso per arrivare alla certificazione per la qualità ISO 9000, all'inizio del 2001 affiancai al controllo gestionale ciò che avevo imparato sull'argomento.

Dopo aver iniziato l'implementazione, anche grazie all'ausilio di fogli di calcolo, con l'aiuto del personale amministrativo vidi che il sistema, senza troppa fatica, cominciava a prendere piede.

Nonostante le resistenze iniziali, soprattutto da parte del personale di produzione e grazie alla forte volontà della direzione a intraprendere il cammino verso l'organizzazione del sistema dei costi della qualità, le riluttanze si sono trasformate, nella maggior parte dei casi, in forza motivante. Con l'aiuto di tutti i livelli aziendali si scoprivano effettivamente costi che, se non misurati, si potevano solo ipotizzare. Nello stesso tempo, insieme ai responsabili, abbiamo potuto verificare che registrare i costi della qualità, solo limitandoci a scoprirli, sarebbe stato uno spreco ulteriore.

L'utilità stava, infatti, nel trovare un punto di partenza sul quale costruire degli obiettivi per un futuro miglioramento. L'azienda ha stilato un programma di miglioramento per i mesi successivi, e ha cominciato, sin da subito, a dare "battaglia ai costi nascosti". Il successo di quella mia prima implementazione, che portò già dal primo anno di sperimentazione a una significativa diminuzione delle spese inutili per l'impresa coinvolta, mi riempì di voglia di continuare a incoraggiare questo sistema di miglioramento.

In quegli anni, molte aziende avevano cominciato la corsa alla certificazione ISO 9000, attestazione importante che, oltre a contribuire al miglioramento dell'organizzazione, ha un forte richiamo di marketing, poiché le aziende già certificate vogliono di solito lavorare con fornitori certificati pretendendo da questi ultimi le procedure di lavoro e gli standard di qualità in termini di strutturazione e produzione.

La certificazione era, ed è tuttora, una specie di lasciapassare per accedere ad alcuni tipi di clientela, e ha generato un effetto a catena facendo aumentare il numero delle aziende certificate. Non è mio scopo addentrarmi nelle normative ISO 9000 e per questo, se sei interessato all'argomento, ti consiglio di visitare il sito ufficiale dell'Ente Nazionale Italiano di Unificazione: www.uni.com.

Devo, tuttavia, fare una breve introduzione per entrare nell'argomento che andremo a trattare. Le ISO 9000 non definiscono come un'organizzazione debba portare avanti il proprio business ma, piuttosto, fissano una serie di requisiti per un valido sistema di gestione che potrà dare soddisfazione alle attese dei clienti, tutelare la linearità della produzione, migliorarla ininterrottamente e diminuire i costi legati alla difettosità dei prodotti/servizi. Il vantaggio proclamato dalle procedure di qualità e dalla sua certificazione è che essa contribuisce alla ottimizzazione delle risorse aziendali orientando tutte le attività al raggiungimento del massimo risultato, cercando di evitare dispendi e duplicazioni.

A dispetto di tutte le buone intenzioni e prerogative delle normative, ho potuto costatare che, nonostante le aziende certificate indicavano buona parte delle non conformità (non soddisfacimento di un requisito specificato) ed evidenziavano i fatti registrandoli in appositi moduli, difficilmente valorizzavano i costi delle inefficienze anche perché la rilevazione delle spese non era richiesta dalla normativa.

Sui moduli che vengono compilati per la registrazione delle non conformità dovrebbe esserci scritto il tempo che il personale ha dedicato a essa, oltre a tutte le spese, non addebitabili alla clientela, sostenute per porvi rimedio. Basterebbe, dunque, segnare ogni non conformità in termini di costi! In ogni caso, già il fatto di avere un sistema di qualità che funzioni, è comunque un incentivo alla riduzione degli oneri interni e un miglioramento dell'efficienza aziendale.

In definitiva si può prendere spunto dalle metodologie che utilizzano le aziende che adottano le normative della qualità per la registrazione delle inefficienze e trasferirle nella propria organizzazione.

SEGRETO n. 2: tutte le aziende, prima o poi, hanno a che fare con costi di insuccesso. Quindi valuta se ti può convenire adottare un sistema di controllo per scoprirli e poi "combatterli".

Come limitare i costi nascosti

Un modo per evitare o ridurre questo tipo di costi è prevenirli, sia con costi di prevenzione che con costi di ispezione. Porsi l'obiettivo di eliminare gli sprechi può essere molto importante per rimanere sul mercato. Proprio nel corso del 2010, a Maggio, mi sono trovato a fare consulenza in una piccola impresa metalmeccanica artigiana con otto dipendenti e due soci, certificata ISO 9001, che può servire da esempio per quanto da me sostenuto.

In un momento critico per il mercato soprattutto per la scarsità degli incassi, oltre che per la difficoltà ad acquisire nuove commesse, l'impresa fortunatamente, anziché tagliare il costo del personale, ha voluto fare una verifica della sua efficienza impostando un sistema di contabilità analitica sulle commesse affiancato a un controllo dei costi nascosti per diminuire le inefficienze. La proprietà si era infatti accorta che l'aumento dell'efficienza poteva essere l'unica maniera per reggere in un mercato dove ormai la qualità è importante per pochi, mentre per molti ciò che conta è il prezzo basso.

L'azienda artigiana ha perso molte commesse sia per volontà propria, per evitare di lavorare con margini troppo bassi, che per la concorrenza al ribasso. Uno dei due soci sosteneva che era stanco di subire i prezzi della concorrenza, dunque occorreva dare una svolta al sistema di controllo. I titolari, nonostante questa loro volontà di miglioramento, non riuscivano a comprendere perché non arrivavano a scendere sotto certi prezzi fatti dai competitori. Si sono, dunque, messi in discussione per capire dove stavano sbagliando e come potevano migliorare per non riversare sul cliente finale le loro inefficienze.

Da una prima analisi, si è scoperto che venivano gestiti male gli ordini dal magazzino. Infatti, esistevano molte non conformità con i fornitori. Nonostante le procedure della qualità per gli acquisti suggerivano di ordinare esclusivamente i materiali tramite fax o email, gli addetti dell'officina, per risparmiare il tempo di scrivere, facevano spesso il tutto a voce, telefonicamente.

In realtà ogni volta che si verificava un equivoco, e la colpa non era mai di nessuno, gli addetti amministrativi perdevano un sacco di tempo a rimediare alla questione. Inoltre, in molte occasioni, venivano ritardate le lavorazioni per mancanza del giusto materiale, che rimaneva depositato in magazzino senza essere utilizzato sino a chissà quando. Non di rado, in caso di consegne da effettuare urgentemente per rimediare all'errore, la direzione accettava il fatto di andare ad acquistare anche a prezzo più alto da fornitori locali.

In questo modo si perdevano i benefici degli sconti dei fornitori specializzati e quindi i margini della produzione venivano erosi. Dalle rilevazioni effettuate – e dopo aver fornito un'adeguata formazione sull'argomento agli amministrativi, al responsabile qualità e al capo officina – si è cominciato a rilevare quei costi nascosti che spesso provocavano inefficienze: fermi della produzione oppure ore straordinarie quando si doveva rilavorare dei prodotti per rimediare agli errori.

Il personale è stato coinvolto nel percorso di miglioramento e, una volta comprese le esigenze della direzione, che comunque cercava anche di tutelare il loro posto di lavoro, ha collaborato nell'indicare le varie carenze produttive.

A oggi, nei primi mesi del 2011, il sistema di riduzione degli sprechi sembra funzionare e l'impresa artigiana può permettersi di abbassare alcuni prezzi e restare concorrenziale sul mercato. Certo, è ancora presto per cantare vittoria, e i risultati maggiori, se il sistema di rilevazione continua, si vedranno nella seconda metà del 2011. L'obiettivo della piccola impresa è quello di migliorare quei costi e quelle scarse produttività che le sono state di peso in momenti decisivi per la sopravvivenza dell'azienda stessa.

Da una prima quantificazione semestrale si è arrivati a verificare che gli oneri per spreco puro, rapportandoli su base annua, sono quasi equivalenti a 2,5 salari annui per un operaio, il che significa, per l'impresa in questione, circa un 4,5% sul fatturato. In questo caso la direzione ha visto giusto, se riesce a diminuire le dispersioni, in futuro, potrà permettersi di riprendere più ordinativi e potrà evitare di tagliare posti di lavoro.

SEGRETO n. 3: sia nei momenti di crisi che in quelli floridi prova a scoprire i costi inutili. Controllandoli avrai così l'occasione di ottimizzare l'economicità dell'azienda.

Perché è importante rilevare i costi della qualità?

Come vengono definiti dall'ASQC (American Society for Quality Control), i costi della qualità "sono oneri per assicurare e conservare la qualità e costi in cui si incorre quando non la si raggiunge".

I primi sono oneri d'investimento, poiché sono legati al miglioramento dell'organizzazione. Sono spese viste in ottica d'investimento per il miglioramento dei processi qualitativi, sostenuti al fine di evitare inconvenienti e che a loro volta sono divisi in due categorie:

- **costi di prevenzione**, ovvero programmazioni e pianificazioni per l'organizzazione della qualità, valutazione preventiva fornitori, formazione per la qualità, revisioni e riesami dei progetti e dei programmi;

- **costi di ispezione o di accertamento**, ovvero controlli e collaudi su materiali acquistati all'esterno, su processi produttivi e prodotti, taratura strumenti di controllo, valutazioni e verifiche del sistema qualità.

I costi della non qualità, invece, sono quelli derivanti da intoppi, da non conformità, da difetti. Anch'essi, a loro volta, sono divisi in due categorie:

- **carenze e insuccessi interni**, ovvero scarti e residui, eliminazione materiali difettosi, rilavorazioni e collaudi errati, declassamenti, perdite di produzione, errori di progettazione, gestione dei problemi causati dai fornitori, scorte fuori controllo;

- **carenze e insuccessi esterni**, ovvero riparazioni in garanzia, resi e rivalse da clienti e risarcimento danni per difetti, nuove progettazioni per mancanze esterne, spese legali, perdite di mercato.

Nel nostro percorso ci interesseremo dei costi nascosti e degli sprechi, ossia dei costi della non qualità. Il dottor Armand Feigenbaum, ingegnere americano e guru del TQC "*Total Quality Control*", sin dagli anni Sessanta, sosteneva che, all'interno di ogni azienda, esiste una **fabbrica nascosta**, utilizzata solo in parte o male impiegata, per produrre scarti o indaffarata in attività senza valore aggiunto.

Ancora oggi esiste questo "stabilimento invisibile" e scoprirlo servirebbe a fare risparmiare tanti soldi poiché i costi che lo costituiscono non si vedono all'esterno né s'immaginano. Le carenze, o insuccessi esterni, sono dunque costi sostenuti dopo la consegna al cliente del prodotto/servizio. Infatti, incidono direttamente sull'immagine aziendale e si ripercuotono sul mercato.

I costi evidenti, prendendo come esempio un'impresa manifatturiera, comprendono i costi del servizio amministrativo e del magazzino che devono dare risposta alle richieste di sostituzione in garanzia e ai reclami degli acquirenti, più gli oneri che si sostengono di riparazione e sostituzione.

I costi non ovvi degli insuccessi esterni sono quelli "occulti", molto importanti poiché incidono sulla fama dell'azienda.

Se i costi superflui non sono misurati, non vengono di conseguenza conosciuti dalle aziende poiché con i sistemi contabili tradizionali non si riescono a vedere. L'analisi di questa tipologia di costi consiste, infatti, nel saper cercare gli oneri dentro gli importi di spese che in contabilità generale sono stati rilevati con altri scopi.

Nell'analisi delle carenze, interne ed esterne, potrai notare che, in contabilità generale, questi valori vengono inseriti nelle spese per il personale, nei costi di trasporto e in quelli per il materiale, nelle spese legali ecc. Nei bilanci non troviamo una voce che ci riporti alle inefficienze, anche perché questi oneri sono inseriti nei costi di produzione e sembrano, purtroppo, essere un tutt'uno con una parte accettata del ciclo di produttivo.

Analizzando i bilanci, probabilmente, potrebbe essere evidenziato tramite gli indici, che l'azienda avrebbe la capacità di essere più o meno competitiva. Si può vedere che il margine derivante dalle vendite non è così alto come dovrebbe essere, ma è difficile stabilire quanto incidano le inefficienze.

I costi superflui rendono i prodotti e i servizi più cari e non danno valore aggiunto all'attività lavorativa. Se non si ha il monitoraggio di questi oneri, probabilmente, le spese extra ricadranno sulle spalle del cliente finale, sino a quando quest'ultimo non si accorgerà che ci sono anche i concorrenti. Per evitare tutto ciò serve non solo evidenziare "lo sporco" (costi non necessari) ma anche pulirlo e toglierlo dalla "fabbrica nera".

SEGRETO n. 4: non dovresti limitarti alla rilevazione dei costi; scoprire la "fabbrica nascosta" è solo il punto di partenza per diminuirli.

Il programma dei costi della qualità

Il programma dei costi della qualità si può considerare uno strumento gestionale, impiegabile come indicatore di misura per giungere alla determinazione delle principali aree di problemi in azienda. Grazie alla rilevazione di questi costi e all'applicazione della riduzione degli stessi, non solo si possono diminuire le uscite di cassa e gli oneri finanziari, ma soprattutto si può capire meglio dove e come investire nella prevenzione.

In alcune organizzazioni questi valori sono molto rilevanti e rappresentano una fetta sostanziosa dei costi totali tenuti dall'azienda. Secondo un rapporto dell'AFQ (Associazione Francese per la Qualità) il costo della non qualità rappresenta in media il 4% del fatturato o il 9,5% del valore aggiunto di trasformazione delle aziende (fonte: *Quanto costa la qualità*, Carlo Baù e Aldo Merico, Il Sole 24 ore Libri).

Stando a quanto riportato invece nel libro *I costi della qualità* (edito nel 1998 da Franco Angeli, di Barrie G. Dale e James J. Plunkett), basato su una ricerca di A. G. Robertson sui dati del National Concile for Quality and Reliability, sembra che, in media, nelle aziende britanniche i costi della qualità siano composti per il 65% dalle carenze, per il 30% da costi di ispezioni e controlli e per il 5% da costi di prevenzione.

Robertson sostiene, inoltre, che questi costi oscillano più o meno dal 4 al 20% del fatturato e concentrare l'attenzione sulla prevenzione, diminuendo perciò l'ispezione, può far risparmiare cifre tra l'1,5 e il 6,5% del giro d'affari.

Secondo invece M. H. Abed, B. G. Dale, *An attempt to identify quality-related costs in textile manufacturing*, il 67% dei costi generali della qualità è causato dagli errori, il 28% all'attività di ispezione e accertamento e il 5% alla prevenzione. I costi globali della qualità, esposti in percentuale sul volume d'affari, sono di norma il 9,2%, con un range dal 2 al 25%.

Questo è quanto apprendiamo da testi ottimi sull'argomento che io considero un po' come i miei "testi sacri".

Invece, per le piccole imprese che rappresentano l'ossatura economica italiana, come si presenta la situazione? Da quanto ho potuto costatare in casi reali, nelle micro, piccole e medie imprese, a seconda del settore di riferimento, esiste un costo medio nascosto che va dal 2,5 al 7% sul volume d'affari. Sono cifre di tutto rispetto che, se diminuite, possono effettivamente migliorare gli utili e aumentare la competitività.

Per la valutazione dei costi della qualità e della non qualità, non mi risulta che esistano valori stimati né percentuali ottimali relative agli indicatori ottenuti dal fatturato. La comparazione va fatta in vista delle differenze e raffronti comparativi tra gli stessi valori nel tempo, in condizioni che cambiano di volta in volta.

È necessario fare una fotografia della situazione in un determinato periodo, poi, sulla base dei dati storici, fare delle previsioni future che periodicamente – mensilmente o al massimo trimestralmente – dovrebbero essere confrontate. Come sostengono Barrie G. Dale e James J. Plunkett, sulla base dei risultati di una loro ricerca, questa tipologia di oneri possono essere ridotti di un terzo nell'arco di tre anni, sempre che l'organizzazione si applichi al massimo nel processo di miglioramento costante della qualità.

SEGRETO n. 5: non sottovalutare i costi nascosti, possono raggiungere valori rilevanti. Purtroppo ancora la maggior parte delle aziende non sa con esattezza quanti soldi getta via.

RIEPILOGO DEL CAPITOLO 1:

- SEGRETO n. 1: per il successo della propria azienda un ottimo punto di partenza è scoprire esattamente tutti i costi e decidere strategicamente il da farsi, in modo che essi mantengano il giusto peso nella gestione dell'impresa.

- SEGRETO n. 2: tutte le aziende, prima o poi, hanno a che fare con i costi di insuccesso. Quindi valuta se ti può convenire adottare un sistema di controllo per scoprirli e poi "combatterli".

- SEGRETO n. 3: sia nei momenti di crisi che in quelli floridi prova a scoprire i costi inutili. Controllandoli avrai così l'occasione di ottimizzare l'economicità dell'azienda.

- SEGRETO n. 4: non dovresti limitarti alla rilevazione dei costi; scoprire la "fabbrica nascosta" è solo il punto di partenza per diminuirli.

- SEGRETO n. 5: non sottovalutare i costi nascosti, possono raggiungere valori rilevanti. Purtroppo ancora la maggior parte delle aziende non sa con esattezza quanti soldi getta via.

CAPITOLO 2:
Come si misurano i costi nascosti

«Non c'è spreco più grande che fare con grande efficienza ciò che non si dovrebbe fare».

Theodore Levitt

Per ottenere le misurazioni degli oneri della non qualità occorre conteggiare tutti i costi extra che in una situazione normale non ci sarebbero stati, misurando le ore perse, i materiali scartati, le spese doppie. Una volta individuate le caratteristiche di questi valori è necessario misurarli, altrimenti non si avrà un riscontro di una loro eventuale variazione.

È necessario, però, non scendere esageratamente in particolari irrilevanti che potrebbero rendere ingovernabile tutto il sistema di monitoraggio e, soprattutto, serve evitare di concentrarsi su ciò che è già noto con l'obiettivo di perfezionarlo. Molte organizzazioni si accontentano di un'approssimazione del 10%

circa, anche perché una presentazione non credibile sarebbe una perdita di tempo e quindi, essa stessa, un costo della non qualità. Rendere noto questa tipologia d'inefficienze può servire ad aumentare la motivazione interna. Usando i filtri di Excel, come nell'esempio che ti propongo, puoi selezionare e ottenere con pochi click i costi divisi per categoria, interni o esterni, per cliente, per fornitore e, volendo, puoi inserire colonne e controllare anche i vari reparti o punti vendita.

COSTI NON QUALITA'

											COSTO	COSTO
			REPARTO/				ORE	COSTO				TOTALE COSTO PROGRESSIVO € 2.984,00

DATA	CATEGORIA	DESCRIZIONE MOTIVO COSTO	REPARTO/ PUNTO VENDITA	PERSONALE COINVOLTO	CLIEN	FORNIT	ORE MANO D'OPE	COSTO MANO D'OPER	COSTI VARI	COSTO EXTRA MATERIA	COSTO TOTALE NON QUALITA'
10/08/2010	INTERNA	MATERIALI ORDINATI TELEFONICAMENTE NON AUTORIZZATI	A	STEFANO		AAA	1	€ 22,00		€ 290,00	€ 312,00
25/08/2010	INTERNA	RILAVORAZIONE ERRATE MISURE	B	ANTONIO		XXX	8	€ 22,00	€ 100,00	€ 300,00	€ 422,00
15/09/2010	ESTERNA	RIMBORSO DANNO PER LAVORAZIONE SBAGLIATA	B	MAURO	BBB					€ 1.000,00	€ 1.000,00
20/09/2010	ESTERNA	SOSTITUZIONE IN GARANZIA	C	GIOVANNI	DDD					€ 1.250,00	€ 1.250,00

Puoi anche registrare una non conformità alla volta come nell'immagine seguente.

Rilevazione NC num.					
CALCOLO COSTO PER NON CONFORMITA'	NUMERO ORE	COSTI UNITARI MEDI	MATERIALI	COSTI EXTRA	TOTALE
Riparazione danno					€ -
Materiali per sostituzione e riparazione					€ -
Spese legali					€ -
Danno non quantificabile di immagine					???
TOTALE					€ -

Ogni risultato lo puoi riepilogare in uno schema riassuntivo come questo sotto.

N.C. NUM	CATEGORIE	Genn.	Febb.	Marzo	Aprile	Annui Totali
1	Reclami					
2	Rilavorazioni					
3	Resi					
4	Riparazioni materiali resi					
5	Sostituzioni in garanzia					
6	Consegna errate fornitori					
	Totale generale					

La rilevazione degli oneri, per aver un buon esito, dovrebbe essere gestita dal responsabile della qualità, con la collaborazione degli amministrativi o, laddove esista, è fondamentale il coinvolgimento della funzione controllo di gestione.

Questa, infatti, avrà già l'esperienza di resocontazione delle spese aziendali e la capacità di analisi dei dati. Il sistema dei costi della non qualità dovrebbe essere seguito, e impostato, come un controllo di tipo gestionale cioè con risultati consuntivi, budget per gli obiettivi e scostamenti tra risultati ottenuti e preventivati. Infatti, sulla base dei consuntivi del periodo precedente si elabora il budget del programma costi, di conseguenza la direzione si prefigge gli obiettivi, si individuano le differenze positive o negative rispetto al prestabilito e si procede all'analisi delle differenze ottenute e alla ricerca delle loro cause; e infine si impostano le azioni correttive per togliere le cause degli scostamenti negativi.

SEGRETO n. 6: poiché la rilevazione dei costi nascosti non si basa su punti fermi o particolari tecniche, puoi adattare il sistema di controllo a seconda delle caratteristiche della tua impresa.

Cosa fare una volta individuati i costi superflui

Nel mio primo seminario cui ho partecipato come relatore nell'Aprile 2001 presso la Camera di Commercio di Massa

Carrara con un intervento dal titolo *I costi della qualità*, mi rivolsi ai responsabili delle imprese, che già misuravano le non conformità dei fornitori con la metodologia suggerita dalle norme ISO 9000, invitandoli a misurarle anche in termini di costo. Consigliai loro, che una volta calcolati gli oneri procuratigli dai fornitori, essi avrebbero potuto rifarsi con chi gli aveva creato la non conformità chiedendo sconti o rimborsi per le spese a loro imputabili.

Per ottenere tutto ciò non occorre andare necessariamente in contrasto con il fornitore, anzi, una volta che il venditore è a conoscenza del fatto che il committente possiede determinati parametri di controllo, egli sa che, se vuole lavorare con lui, deve essere il più preciso possibile ed è costretto ad aumentare la sua qualità del lavoro.

Sulla base di questa indicazione, seppur semplice, un imprenditore, recepito l'input, ha cominciato a quantificare gli sprechi di tempo creati da un suo importante grossista e di conseguenza ha iniziato a chiedere ulteriori sconti al suo fornitore per i danni che gli creava a causa della consegna di merci sbagliate. L'imprenditore, sino a quel momento, sapeva quali erano i problemi creati, ma non aveva quantificato i danni economici.

Inoltre, il titolare dell'impresa che mi affidò l'incarico di implementare il sistema di controllo dei costi della non qualità, di individuare quanti soldi venivano sprecati per le inefficienze interne, disse al suo personale che se una buona parte di costi "invisibili" fossero stati scoperti ed eliminati, quel risparmio sarebbe stato poi ripartito sotto forma di premio tra i dipendenti.

SEGRETO n. 7: per avere un parametro su cui puntare per migliorare la tua redditività dai un valore a ogni inefficienza.

Come quantificare i danni economici

Per quantificare i danni economici occorre rilevare la non conformità (il fatto), verificare i tempi persi dal personale addetto per rimediare al problema provocato, aggiungere gli eventuali costi doppi di trasporto nel caso venga utilizzato un corriere esterno, considerare potenziali deterioramenti arrecati ai materiali e ulteriori rilavorazioni, sino a giungere al danno più pericoloso di tutti – che è effettivamente difficile da misurare – "la perdita di immagine esterna", dovuta per esempio proprio al ritardo di consegna di un fornitore o alla consegna di materiale sbagliato.

Vediamo ancora un esempio reale, dove errate progettazioni possono portare a notevoli danni economici. È importante tenere presente che il costo di un difetto aumenta in modo graduale durante il ciclo produttivo di un manufatto, quindi al crescere delle valutazioni, il costo degli insuccessi esterni si attenua. Prendiamo l'esempio di un'azienda nel settore dell'impiantistica meccanica industriale. Nel progetto di un impianto nuovo, in uno stabilimento industriale, viene inserito un tipo particolare di materiale, circa 200 pezzi di prodotto"A".

Sulla base del progetto viene fatta l'offerta al cliente, in seguito accettata dallo stesso. Successivamente, viene effettuato l'ordine al fornitore. Il materiale "A" a sua volta è composto da altri articoli da assemblare. Quindi, se l'articolo "A" viene ordinato in modo errato, di conseguenza i pezzi che andranno montati su di esso saranno sbagliati, nonostante siano lavorati perfettamente.

Questi pezzi in realtà sono andati nella costruzione di un prodotto che era sbagliato sin dall'elaborazione dell'offerta. Durante la posa in opera, un capocantiere si accorge che tutti i pezzi "A", già pronti per l'istallazione al cliente finale, sono errati poiché di misura diversa rispetto a quella che occorreva al cliente. Le perdite subite dall'azienda sono state le seguenti:

- l'acquisto di materiali particolari, e difficilmente utilizzabili presso altri clienti, quantificati in 200 pezzi a 150 euro ciascuno per un totale di 30.000 euro;

- la manodopera del magazziniere, per mettere a posto e controllare i pezzi "errati", n. 4 ore per 20 euro che equivalgono a 80 euro;

- la manodopera per il montaggio dei componenti sbagliati sugli articoli sbagliati, n. 100 ore per 20 euro per un totale di 2000 euro;

- la differenza prezzo per materiale giusto di costo superiore non conteggiato sin dall'inizio (euro 10.000), poiché il preventivo era stato fatto sulla base dei materiali con costo inferiore rispetto a quelli che, invece, servono al cliente;

- le ore perse dall'ufficio acquisti per effettuare gli ordini nuovi, e ricontrolli, n. 10 ore per 20 euro e quindi 200 euro.

L'acquisto del materiale idoneo all'ordine e il costo manodopera per il montaggio dei pezzi giusti non sono da considerare costi aggiuntivi poiché ci dovevano essere sin dall'inizio.

Questo episodio ha comportato inoltre lo slittamento dei tempi di consegna con conseguente perdita d'immagine nei confronti del cliente, difficile da quantificare, poiché non si sa se questi, in futuro, riassegnerà dei lavori alla ditta in questione. Provando a stimare la perdita indicativa interna (conosciuta dall'azienda) per una leggerezza nel controllo del progetto e della preventivazione, si arriva a 42.280 euro.

Rilevazione NC num. 1					
CALCOLO COSTO PER NON CONFORMITA'	NUM.	COSTI UNITARI MEDI	MATERIALI	COSTI EXTRA	TOTALE
Prodotti	200	€ 150,00	€ 30.000,00		€ 30.000,00
Ore magazziniere	4	€ 20,00			€ 80,00
Ore per montaggio coponenti sbagliati	100	€ 20,00			€ 2.000,00
Differenza costi non recuperabili per errato prezzo				€ 10.000,00	€ 10.000,00
Ore ufficio acquisti	10	€ 20,00			€ 200,00
TOTALE					€ 42.280,00
Danno non quantificabile di immagine-Perdita subita per mancati ordini successivi					Non quantificabili

I materiali in surplus a causa delle variazioni di progetto, finché non saranno rivenduti, sicuramente a prezzi scontati, faranno parte delle scorte di magazzino, col grande rischio che alla fine diventino scorte obsolete, destinate poi alla svendita per rottamazione.

Sino a ora ho fatto esempio riferiti a un ambito industriale, ma basta guardarsi intorno e di esempi simili, errori dovuti al "non eseguire bene i propri compiti sin dall'inizio", se ne possono trovare molti e in qualunque settore. Nel 2006 un'azienda di commercio e lavorazione di materiale lapideo ha fatto un investimento, collocando al suo interno una lavorazione specialistica, che sino allora aveva affidato all'esterno. Dopo un periodo di formazione rivolta al personale, la produzione e gli affari sembravano andare a gonfie vele. La lavorazione "particolare" veniva effettuata egregiamente e con successo.

Ogni mese si procedeva all'acquisto di materie prime, si lavoravano e si effettuavano le spedizioni dei materiali rifiniti in maniera specifica per il mercato estero, specialmente statunitense. Non ci si potevano permettere errori poiché la concorrenza, proveniente principalmente dalla Cina, faceva sentire la sua pressione soprattutto a livello di prezzo. Tuttavia il cliente era disposto a pagare prezzi più alti a condizione che fosse garantita una qualità altissima.

La lavorazione richiedeva su quasi ogni pezzo lavorato, in accordo col cliente, un ritocco di stucco specializzato per togliere delle imperfezioni della materia naturale. A un certo punto viene acquistata dall'azienda una partita di blocchi per la lavorazione e vendita, che presentano più imperfezioni del solito. Di pari passo le scorte di stucco utilizzato sino a quel momento finiscono, e nel frattempo, ne viene acquistato un altro tipo, una marca diversa da quella utilizzata solitamente.

Il capo officina e i responsabili della produzione, nonostante l'esperienza acquisita, fatte tutte le prove del caso, decidono di procedere comunque con la lavorazione di quei materiali imperfetti. Secondo la loro valutazione, anche se le caratteristiche tecniche del prodotto erano leggermente differenti dallo standard, piuttosto che ritardare la consegna per la ricerca di ulteriori materiali, era preferibile utilizzare quel prodotto in quanto rispondente alle aspettative dell'acquirente.

Dopo giorni e giorni di lavoro, la merce viene inviata al cliente tramite nave. Il compratore, un grande distributore, appena riceve la merce lavorata comincia a reclamare poiché non gradisce il cambio di colorazione dello stucco, che tra l'altro spiccava di più poiché il materiale grezzo presentava più imperfezioni.

Scattano quindi i controlli su tutto il container e il cliente comunica all'azienda italiana che non intende pagare, anzi rimanderà il carico indietro a spese del fornitore. Inoltre, il compratore statunitense, che stava per finire le scorte di merce inviategli precedentemente, non trovando riscontro positivo nell'ultima spedizione di materiale, è rimasto a corto di articoli da poter rivendere, trovandosi in difficoltà a sua volta con i propri acquirenti. A questo punto il grossista estero ha dovuto, con urgenza, rivolgersi ad altri fornitori che da anni gli bussavano alle porte e che hanno colto al volo l'occasione.

Infatti, l'azienda nostrana, oltre che dover riprendere in carico tutto il materiale inviato, nei mesi successivi ha dovuto subire molto pesantemente, una diminuzione notevole di ordini, poiché il rivenditore americano non gli ha più affidato in

esclusiva la fornitura di merce, ma distribuiva la richiesta su
più venditori.

Conseguentemente a questa riduzione assai pesante del fatturato,
la ditta italiana ha dovuto fare un passo indietro diminuendo la
lavorazione interna e tornando a rivolgersi all'esterno. È
abbastanza facile quantificare le perdite conosciute subite
omettendo i mancati ricavi.

Rilevazione NC num. 2					
CALCOLO COSTO PER NON CONFORMITA'	NUMERO ORE	COSTI UNITARI MEDI	MATERIALI	COSTI EXTRA	TOTALE
Acquisto materiali per lavorazione			€ 15.000,00		€ 15.000,00
Lavorazione			€ 4.000,00		€ 4.000,00
Carico e scarico trasporto andata ritorno			€ 5.000,00		€ 5.000,00
Spese viaggio della direzione per rimediare alla non conformità			€ 3.000,00		€ 3.000,00
Spese stoccaggio dopo rientro merce resa in Italia				€ 2.000,00	€ 2.000,00
Altre spese documentate direttamente imputabili al danno				€ 1.500,00	€ 1.500,00
TOTALE					€ 30.500,00
Danno non quantificabile di immagine- Perdita subita per mancati ordini successivi					Non quantificabili

Quello che ha pesato davvero su questa non conformità è stata la
grave perdita di fatturato, stimata solo successivamente nel

tempo, che ha inciso all'incirca per il 15% del volume d'affari annuo. Non è stato possibile, inoltre, rivendere il materiale rientrato, non avendo trovato un mercato in grado di recepirlo, e lo stesso prodotto dopo qualche mese, è stato smaltito come cocciame. Come puoi vedere, è possibile trovare in qualsiasi realtà dei costi di spreco.

SEGRETO n. 8: se analizzi tutto quello che rappresenta un'inefficienza, ti accorgerai che ne troverai ovunque e a bizzeffe in qualsiasi impresa piccola o grande che sia.

Come affrontare gli sbagli?

Senza colpevolizzare nessuno, cercando anzi di rimediare agli errori per evitare che si ripetano in futuro, ogni volta che scaturiscono dei problemi, i responsabili dovrebbero scoprire il motivo principale e rivedere gli standard esistenti o crearne nuovi per prevenire la ripetizione del problema. A volte un provvedimento temporaneo può risolvere i sintomi, ma non la causa principale della problematica.

Nell'ultimo esempio descritto, all'arrivo dei blocchi di lapideo che presentava già difetti, la produzione doveva essere subito bloccata, anche se ciò significava perdere del denaro per l'acquisto di materiale che però, non essendo tutto lavorato, poteva essere in qualche modo riutilizzato. In ogni caso si sarebbero risparmiati i costi di lavorazione, gli oneri di trasporto e prima di tutto si sarebbero limitati i danni con il cliente. Come diceva Kaoru Ishikawa, il pioniere del movimento giapponese per la qualità: «Il processo successivo è un cliente».

Questo avvertimento può significare che, se qualcosa non funziona come dovrebbe, per garantire un buon sistema di garanzia della qualità, è meglio non mandare avanti la produzione. Prendendo come spunto un suggerimento tratto dal libro *Gemba Kaizen*, di Masaaki Imai edito da Il Sole 24 Ore, quando si verificano delle problematiche, occorrerebbe chiedersi sempre il "perché" per almeno cinque volte, fino a identificare le cause principali del problema.

Come mai non sono state verificate le procedure e la qualità del prodotto in modo attento prima di fare l'ordine al fornitore o di inviare la merce al cliente? Tra i vari motivi sicuramente c'è da notare che non si è prestata la giusta attenzione alla prevenzione e all'ispezione. Va considerata, infatti, una relazione contraria e cioè che all'aumento delle attività di valutazione e di prevenzione, a parità di produzione eseguita, i costi della non qualità tendono a diminuire.

Le prevenzioni riducono il numero delle carenze, e di conseguenza danno anche la possibilità di ridurre le ispezioni. Attenzione, però, a eseguire solo i controlli che sono necessari, perché quelli eccessivi e ingiustificati appaiono eccedenti e raffigurano un onere inutile. Gli accertamenti dovrebbero servire proprio per diminuire al minimo i controlli indispensabili. Quindi, anche questi costi della qualità possono essere ridotti considerevolmente.

SEGRETO n. 9: da oggi in poi cerca di eliminare i costi inutili utilizzando anche proporzionalmente i costi d'ispezione e prevenzione.

Come analizzare i dati delle inefficienze?

«Si parla molto di problemi... i pochi cruciali e i molti banali».

Joseph M. Juran

Prendendo spunto dall'espressione di Juran, uno dei "padri " della qualità, proviamo a considerare i dati importanti e quelli meno, specialmente per cercare di rendere valido il sistema di rilevazione per la riduzione delle spese future. Una volta che si hanno i dati, essi devono essere approfonditi per trovare le cause importanti di un problema o le caratteristiche chiave di una determinata circostanza.

Un metodo, che può essere significativo, è l'analisi di Pareto. Vilfredo Pareto era un economista italiano che, nel 1897, analizzò la distribuzione in Italia della ricchezza e del reddito. Egli scoprì che un'elevatissima percentuale sia di reddito che di ricchezza era nelle mani di una piccola percentuale della popolazione. Cioè il 20% della popolazione aveva in mano l'80% della ricchezza.

Questo studio nell'ambito economico è molto apprezzato, e fu ripreso anche da Juran, che sviluppò questo principio nel campo della qualità, sostenendo che la maggior parte dei problemi è dovuta a pochi fattori. Ora, se applichi lo stesso principio nella tua "fabbrica nascosta" puoi notare che l'80% dei difetti è causato dal 20% di tipi di anomalie possibili. Con questo sistema ci si può concentrare sul 20% delle cause che generano l'80% dei problemi e carenze.

Per esempio in alcune realtà, analizzando le non conformità per i ritardi delle lavorazioni, ho notato che, per più dell'80%, il problema sta negli sbagli sugli acquisti che sono causati o da ordini sbagliati degli addetti dell'azienda o da consegne eseguite male dai fornitori.

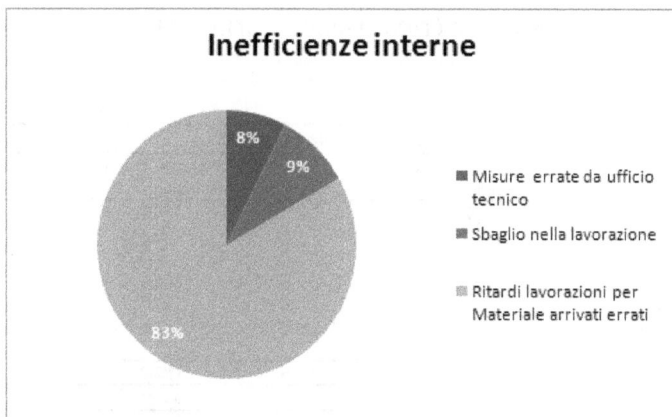

Analizzando i dati anche in questo modo, conoscendo quali sono i difetti principali che si hanno in azienda, è possibile tentare di migliorarli cercando anche di intervenire il più tempestivamente possibile. I costi della non qualità vanno paragonati periodicamente con valori assoluti e indici statistici. Solo dopo averli determinati e confrontati in periodi differenti si può dire se sono in assoluto elevati o no. I parametri individuati per l'azienda, sulla base dei costi, saranno la base per impostare un programma con obiettivi di miglioramento futuri. Un valore molto facile da trovare è la percentuale del totale dei costi sul fatturato o sul margine di contribuzione:

- costi della non qualità / fatturato x 100 = % sul fatturato;

- costi della non qualità / margine di contribuzione = % sul margine di contribuzione (ricavi-costi variabili).

Riepilogo costi della non qualità						
CATEGORIE	Consuntivi primo trimestre	Preventivi primo trimestre	Scostamenti primo trimestre	Consuntivi Annui Totali	Preventivi anno n	Scostamenti anno n
Reclami	€ 3.000,00	€ 2.000,00	-€ 1.000,00	€ 9.000,00	€ 8.000,00	-€ 1.000,00
Rilavorazioni	€ 2.000,00	€ 1.000,00	-€ 1.000,00	€ 8.000,00	€ 4.000,00	-€ 4.000,00
Resi	€ 1.500,00	€ 2.000,00	€ 500,00	€ 6.000,00	€ 8.000,00	€ 2.000,00
Riparazioni materiali resi	€ 2.000,00	€ 1.800,00	-€ 200,00	€ 6.000,00	€ 7.200,00	€ 1.200,00
Sostituzioni in garanzia	€ 2.500,00	€ 2.800,00	€ 300,00	€ 8.000,00	€ 11.200,00	€ 3.200,00
Consegna errate fornitori	€ 8.000,00	€ 10.000,00	€ 2.000,00	€ 36.800,00	€ 40.000,00	€ 3.200,00
Totale Generale	€ 19.000,00	€ 19.600,00	€ 600,00	€ 73.800,00	€ 78.400,00	€ 4.600,00
% nei confronti del fatturato	5%	4%		5%	6%	
FATTURATO	€ 400.000,00	€ 450.000,00		€ 1.350.000,00	€ 1.400.000,00	

Puoi fare uno schema, come quello sopra riportato, nel quale inserire la somma dei costi per categoria e preventivare degli obiettivi possibilmente di riduzione, ma raggiungibili.

Puoi anche affinare la verifica esaminando quanto i costi di inefficienza interna incidono sul totale delle spese o sul fatturato, o quanto invece gravano le carenze esterne. Ricordati, però, che la filosofia e l'equilibrio, che devono accompagnare l'introduzione del programma dei costi della non qualità, si basano sul concetto che è inutile cercare "l'ago nel pagliaio".

SEGRETO n. 10: concentrati sul 20% delle cause che fanno nascere l'80% degli insuccessi interni ed esterni. Attenzione

però, non serve scendere nei minimi dettagli.

RIEPILOGO DEL CAPITOLO 2:

- SEGRETO n. 6: poiché la rilevazione dei costi nascosti non si basa su punti fermi o particolari tecniche, puoi adattare il sistema di con trollo a seconda delle caratteristiche della tua impresa.

- SEGRETO n. 7: per avere un parametro su cui puntare per migliorare la tua redditività dai un valore a ogni inefficienza.

- SEGRETO n. 8: se analizzi tutto quello che rappresenta un'inefficienza, ti accorgerai che ne troverai ovunque e a bizzeffe in qualsiasi impresa piccola o grande che sia.

- SEGRETO n. 9: da oggi in poi cerca di eliminare i costi inutili utilizzando anche proporzionalmente i costi d'ispezione e prevenzione.

- SEGRETO n. 10: concentrati sul 20% delle cause che fanno nascere l'80% degli insuccessi interni ed esterni. Attenzione però, non serve scendere nei minimi dettagli.

CAPITOLO 3:

Come costruire il controllo commesse

«I metodi possono essere un milione e più, ma i principi sono pochi. L'uomo che afferra i principi può scegliere con successo i suoi metodi. L'uomo che prova i metodi ignorando i principi, avrà sicuramente dei problemi».

Ralph Waldo Emerson

Un sistema di controllo, per poter operare bene, ha bisogno di un appropriato insieme di strumenti e operazioni capaci di ottenere, sviluppare ed evidenziare i dati economici generati dalla gestione aziendale. Uno di questi strumenti è la contabilità industriale che ha per obiettivo la determinazione dei costi e dei ricavi di specificati oggetti di analisi, come abbiamo già visto (centri di costo, commesse, prodotti).

La contabilità analitica è uno strumento d'informazione fondamentale per rafforzare i dati derivanti dalla contabilità generale che mostra alcuni limiti, come il fatto di evidenziare risultati della gestione passata oltre che fornire informazioni a livello generale d'impresa e non nel dettaglio. La contabilità industriale invece dà indicazioni in grado di incidere sulle decisioni e sulle strategie da adottare e i risultati delle analisi condizionano in buona parte la realizzazione degli scopi prefissati dall'impresa.

Un sistema di contabilità industriale, in grado di dare con accuratezza e sveltezza i conteggi e le valutazioni necessarie alla direzione aziendale per poter effettuare le opportune valutazioni economiche, rappresenta indubbiamente l'elemento differenziante verso i concorrenti.

Sono sempre stato convinto che chi applica una buona analisi gestionale nell'impresa ha una marcia in più. Per questo la contabilità dei costi – essendo uno degli strumenti principali del controllo – può dare quel vantaggio competitivo, anche in sede di preventivo, dove si devono stimare costi che rappresentano la base di partenza per la valutazione del prezzo di vendita da proporre al futuro compratore.

Commettere degli errori, proprio in questo stadio, significherebbe lasciarsi sfuggire dei margini difficilmente recuperabili e compromettere così l'economicità della commessa o del prodotto/servizio. Dal corretto calcolo delle spese e dalla valutazione dell'efficacia ed efficienza delle lavorazioni possono nascere scelte in grado di condizionare notevolmente il futuro dell'impresa.

Ma prima di andare avanti, è bene spiegare cosa s'intende per efficacia e cosa per efficienza.

- **Efficienza**: è rappresentata dal rapporto costi/prodotti di una determinata prestazione. Esso consente di vedere se la combinazione di risorse utilizzabili viene adoperata al meglio.
- **Efficacia**: è la capacità dell'organizzazione o del servizio di arrivare agli obiettivi prefissati.

Per rendere meglio l'idea di quanto sopra citato, mi viene in mente un esempio che imparai negli anni Novanta a un corso di formazione a Firenze. Per esprimere il concetto di efficacia pensiamo a un paese isolato di montagna a circa un'ora di macchina dal centro cittadino, nel quale abita un ragazzino che deve andare a scuola e non ha i mezzi per raggiungerla.

Ogni giorno dal capoluogo parte un pulmino, servizio pagato dall'amministrazione comunale, funzionante esclusivamente per quel giovanotto affinché egli raggiunga la scuola in centro. Ogni giorno il comune fa una cosa socialmente giusta ed efficace, poiché ha raggiunto un obiettivo prefissato.

Se questo episodio lo vediamo, crudamente, da un punto di vista aziendale, secondo te è una cosa efficiente o no? Stai pensando al ragazzino che non ha la possibilità di recarsi a scuola e ti dispiace essere realista, ma prova a distaccarti, è solo un esempio. In ogni caso credo che la maggior parte delle persone farebbe quello che ha fatto il comune in questo caso.

Devo ammettere, però, che se ragioniamo con i numeri, pensando di essere in un'azienda che deve generare utili, questa è un'operazione inefficiente, perché il costo dell'operazione è sproporzionato al risultato. Quindi si può essere efficaci pur essendo inefficienti. E qui ci si potrebbe divertire a fare centinaia di esempi. Ora, applica questi esempi nella tua azienda ed ecco che il controllo delle commesse, dei reparti, ti aiuterà a capire se sei efficace ed efficiente.

Con l'ordine di produzione, l'impresa mette in lavorazione un prodotto solo, o un gruppo di prodotti uguali, in seguito all'ordine del cliente. Di solito la gestione su commessa si basa innanzitutto su un preventivo e proprio per questo è importante controllarla nella sua evoluzione, oltre che avere un feedback alla fine del lavoro.

Se gestisci un'azienda strutturata che fa già l'inserimento dei dati contabili, serve avere un software specializzato che permetta con un'unica registrazione in prima nota, di imputare i costi sia alla contabilità generale per il calcolo del bilancio d'esercizio, sia alla contabilità analitica per entrare a fondo nell'economicità di ogni lavorazione. In questo modo si permette automaticamente l'imputazione dei costi ai diversi centri di costo o commesse.

Nel caso in cui, invece, hai una contabilità generale senza integrazione con il programma di contabilità industriale, con un foglio di calcolo puoi fare tutti i controlli che vuoi, fino a quando la crescita della struttura aziendale lo permette. Prima di entrare nel merito delle registrazioni contabili voglio precisare che per gestire una commessa, o un centro di costo, ci deve essere un flusso costante di dati che dovranno arrivare a chi controlla, sin dal momento della preventivazione. Infatti, se l'azienda è chiamata a fare un lavoro o a vendere un prodotto deve avere un codice sul quale si dovrà basare l'intero processo produttivo. Su tutta la fase di lavorazione ci dovrà essere la rintracciabilità e tutti i vari stadi dovranno riferirsi al codice scelto dall'azienda a partire dall'offerta, dall'ordine del cliente, agli acquisti, alle vendite, alla manodopera per la lavorazione.

Ogni materiale acquistato o prelevato dal magazzino, per essere utilizzato per la lavorazione, dovrà essere documentato con il codice scelto. Ci dovranno essere documenti di trasporto o moduli interni di movimentazione di magazzino, dove si dovrà documentare l'uscita del materiale e la sua destinazione nella lavorazione della commessa o nel centro di costo.

Così anche il personale che lavora alla produzione dovrà indicare con degli appositi moduli, su quale compito sta operando. Solo in questo modo, se tutti collaborano sin dall'inizio alla registrazione delle attività, si potrà avere un controllo adeguato. Tutto deve seguire un codice.

SEGRETO n. 11: solo se tutto il flusso di produzione, dall'offerta alla vendita, segue un codice, si potrà avere un controllo analitico adeguato.

Come effettuare le registrazioni nel foglio di calcolo

Cominciamo a registrare le fatture di acquisto, relative alle spese che attribuiamo alle varie produzioni, utilizzando una tabella, come quella riportata di seguito, che ci permette di controllare le spese direttamente imputabili alla commessa.

SCHEMA 1 -COSTI							Totali	€ 5.900,00		
Anno	Data Fatt	Num.fatt.	Ddt	Fornitore	Descrizione	Qt	Costo Unitario	Totale costo	Commesse	Sottocomm
2011	31/03/2011	123	1234	FORNITORE 1	MATERIA A	1	3.000,00	€ 3.000,00	PG70I	LAVORO-A
2011	31/03/2011	123	1235	FORNITORE 1	MATERIA D	1	1.200,00	€ 1.200,00	PG70M	
2011	07/04/2011	456	4567	FORNITORE 2	MATERIA B	1	350	€ 350,00	PG70I	LAVORO-B
2011	08/04/2011	765	789	FORNITORE 3	MATERIA C	1	1100	€ 1.100,00	PG70M	
2011	08/04/2011	765		FORNITORE 4	TRASPORTO	1	150	€ 150,00	PG70M	
2011	09/04/2011	90		FORNITORE 5	VIAGGIO	1	100	€ 100,00	PG70M	

L'inserimento dell'anno, nello schema, può essere importante poiché ti potresti trovare a gestire più commesse a cavallo tra un periodo fiscale e l'altro quindi, inserendo tale indicazione, saresti agevolato anche per vedere subito i costi di competenza di un esercizio e quelli del periodo successivo, oltre che per determinare l'ammontare delle lavorazioni in corso, che dovranno essere inserite in bilancio tra le rimanenze finali.

Il documento di trasporto "Ddt" può servire nel caso in cui la fattura sarà differita, quindi si registra subito il valore della merce in entrata in modo tale da essere tempestivi (di solito questa è la procedura utilizzata dalle aziende strutturate con software appositi che danno scarico immediatamente agli ordini e inseriscono in magazzino la merce in entrata).

Proseguendo col nostro modello, appare il numero di commessa che, a sua volta, potrebbe essere suddivisa in sottocommesse e queste, a loro volta, potrebbero generarne altre con un sistema di ramificazione ad albero. Tramite la gestione dei filtri di Excel riusciamo a visionare immediatamente una quantificazione dei costi delle materie per ogni lavoro.

	Anno	Data Fa	Num.fa	Dc	Fornitore	Descrizion	Q	Costo Unitari	Totale cost	Commess	Sottocom
8	2011	31/03/2011	123	1234	FORNITORE 1	MATERIA A	1	3.000,00	€ 3.000,00	PG7OI	LAVORO-A
10	2011	07/04/2011	456	4567	FORNITORE 2	MATERIA B	1	350	€ 350,00	PG7OI	LAVORO-B

Una volta scelto l'ordine di produzione che t'interessa e il codice di cui hai bisogno, puoi notare che con l'utilizzo del filtro il totale cambia automaticamente.

Questo criterio ti permetterà di essere sempre aggiornato progressivamente, oltre che di vedere in tempo reale i risultati singoli per ogni selezione applicata. La formula per poter effettuare questa funzione nella nostra simulazione è =SUBTOTALE (9;I8:I2000).

Al management potrebbe interessare sapere, oltre al costo generale, anche il costo della commessa suddivisa per vari lavori, in vari comparti e per attività diverse.

Prendiamo per esempio un lavoro eseguito in una divisione nello stabilimento del cliente chiamato reparto "A". Per ottenere il risultato si dovranno utilizzare i filtri del foglio di calcolo e cliccare in quello che consente di selezionare ciò che ci interessa, nel nostro caso ci serve vedere la sottocommessa "LAVORO-A".

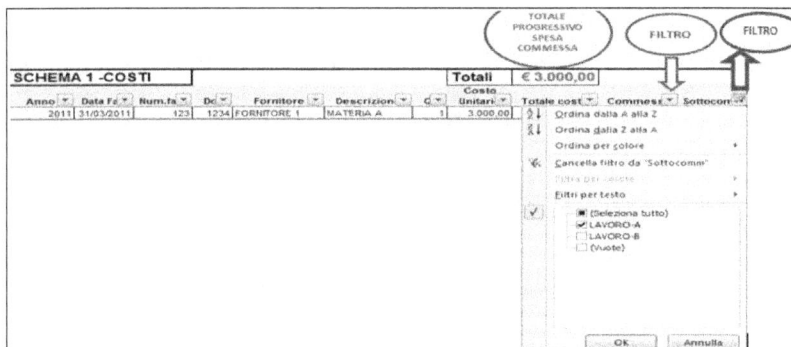

Per verificare la sottocommessa "LAVORO-A" ci posizioniamo sopra il "Totale costo". In questa circostanza abbiamo selezionato la casella "I6" nella colonna I e iniziato il conteggio dalla riga 8. La formula può comprendere il numero di riga che vuoi secondo la lunghezza del tuo foglio, che varierà in base ai dati che inserisci. Nel nostro esempio per semplicità, abbiamo inserito riga 2000.

La formula potrebbe essere anche =SUBTOTALE(9;I:I) senza specificare nessun numero di riga se la casella del totale la posizioniamo in un'altra colonna rispetto ai numeri per i quali vogliamo il risultato complessivo, altrimenti rischiamo di fare dei riferimenti circolari.

Si ha un "riferimento circolare" quando una formula si riferisce direttamente o indirettamente a una propria cella, come puoi verificare direttamente nel sito di Microsoft Office. Una volta impostato il foglio per il calcolo delle materie e dei servizi ricevuti, creiamo lo schema per il controllo delle ore lavorate dal personale dipendente o dai collaboratori, sempre con il solito sistema.

| | | | | | Minuti | Totale | Totale in | | | | Totale costo | Sottocom. | |
| H2 | | =SUBTOTALE(9;H4:H2000) | | | | | | | | | | | |
Giorno	Mese	Anno	Dipendente /Collaboratore	Ore da inser	da inseri	in minu	ore	Codice attiv	Commes	Costo orai	ordina	mess	€ 426,50
							Tot.ore 33,5						Costo totale
21-apr	apr-11	2011	AB	5		300	5	A	PG70I	€	12,50	€ 62,50	
21-apr	apr-11	2011	AB	4		240	4	B	PG70M	€	12,50	€ 50,00	
21-apr	apr-11	2011	BC	3		180	3	V	PG70I	€	14,00	€ 42,00	
21-apr	apr-11	2011	BC	5		300	5	A	PG70M	€	14,00	€ 70,00	
21-apr	apr-11	2011	DE	2		120	2	B	PG70M	€	12,00	€ 24,00	
21-apr	apr-11	2011	DE	2	30	150	2,5	B	PG70M	€	12,00	€ 30,00	
21-apr	apr-11	2011	DE	4		240	4	B	PG70I	€	12,00	€ 48,00	
22-apr	apr-11	2011	AB	4		240	4	A	PG70I	€	12,50	€ 50,00	
22-apr	apr-11	2011	AB	4		240	4	B	PG70M	€	12,50	€ 50,00	

In tal modo possiamo inserire, giorno per giorno, le ore del personale dividendole per attività eseguite, con la possibilità anche di scendere nel dettaglio delle lavorazioni, immettendo anche il costo orario per ogni lavoratore. Certe aziende richiedono anche il riscontro dei minuti poiché per alcuni prodotti o per diverse lavorazioni sono importanti, perciò nella formula serve inserirli e ritrasformarli in ore.

È sicuramente fondamentale vedere se una commessa è in utile oppure no, ma è anche importante verificare se le spese delle varie attività preventivate vengono rispettate oltre ad analizzare e mettere a confronto i tempi impiegati. Indicando le molteplici attività dentro la commessa è interessante verificare i tempi che vengono sprecati in lavorazioni che non sempre sono pagate dalla clientela. Per fare ciò serve immettere una voce di attività apposita chiamata per esempio "inefficienze" oppure "sprechi" che, inserita nel foglio con il codice che la identifica, permetta di riscontrare le ore non produttive.

SEGRETO n. 12: tramite un attento controllo delle attività puoi anche scoprire gli sprechi nelle lavorazioni.

Come verificare la resa delle commesse

Dopo aver creato due differenti fogli, uno per le ore lavorate e l'altro per le materie e servizi impiegati, ovvero i costi diretti della produzione, occorre crearne uno che riporti uno schema riepilogativo che riprenda le loro somme e ci permetta di scoprire quanto si sta guadagnando e che scostamento c'è con quanto preventivato.

%	Avanzamento	Codice Commessa	Costo diretto materie e servizi	Costo ore consuntivo	Totale Costi diretti	Totale ricavi-ordini	Margine primo	% Margine	% Costi fissi sui ricavi	Totale Costi Generali	Margine netto	% Margine netto	Costo preventivo	Scostam. costo	Note
100%	FINITO	PG70I	€ 3.350,00	€ 202,50	€ 3.552,50	€ 6.000,00	€ 2.447,50	40,79%	€ 600,00	€ 4.152,50	€ 1.847,50	31%	€ 5.000,00	€ 847,50	
35%	IN CORSO	PG70M	€ 2.550,00	€ 224,00	€ 2.774,00	€ 5.500,00	€ 2.726,00	49,56%	€ 550,00	€ 3.324,00	€ 2.176,00	40%	€ 4.600,00	€ 1.276,00	ATTENZIONE

In questo foglio viene riportato il costo delle materie e servizi che, insieme all'ammontare del valore delle ore lavorate, permette di trovare il totale dei costi diretti per commessa. Conseguentemente calcoliamo il margine primo, che è dato dai ricavi detratti i costi diretti che sono oneri stimati oggettivamente e imputati direttamente ai processi produttivi (materie, manodopera e servizi esplicitamente attribuibili). Questa misura rileva se la commessa sta guadagnando senza considerare l'incidenza dei costi generali indiretti. Questi ultimi sono valori comuni a tutta l'attività dell'azienda e non sono riferibili chiaramente all'oggetto del costo, ma sono divisibili con operazioni di ripartizione.

Per riportare automaticamente i dati nel riepilogo è necessario utilizzare una formula con la funzione SOMMA.SE così come appare nella figura sottostante dove "materie" è il nome del foglio nel quale sono stati inseriti i costi dei materiali e dei servizi direttamente imputabili alle lavorazioni.

Nella formula dal foglio "materie" sono riprese le caselle "J" e "I" nelle quali trovi rispettivamente il numero di ordinativo e il totale del costo. Nella funzione di somma trovi anche il riferimento "C6" che nel nostro caso è la casella nella quale andiamo a inserire il numero della commessa che vogliamo controllare.

Una volta inserito il codice, la formula impostata permette di riepilogare i dati dei fogli specificati, nel nostro caso il prospetto "materie". Con la solita regola nella casella "Costo ore consuntivo" devi inserire una formula utilizzando la funzione SOMMA.SE, dove la parola "lavoro" indica il nome del foglio nel quale sono inserite le ore lavorate.

Le colonne richiamate sono "J", nella quale sono inseriti il codice di commessa, e "M", nella quale è inserito il costo totale ordinario, come si può notare dallo schema riepilogato sotto.

Dopo aver inserito i dati puoi cominciare ad avere i tuoi riscontri, facendo dei grafici che possono aiutarti a vedere la situazione immediata della resa del lavoro che vuoi verificare.

Sempre tramite i filtri è possibile verificare se le varie attività sono in linea con quanto stabilito, sia per migliorare che per modificare i calcoli delle tempistiche sui lavori futuri.

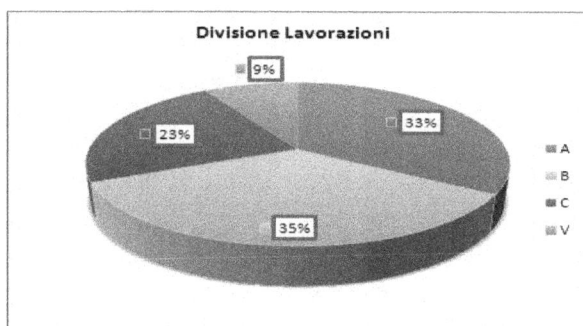

Con l'aiuto di questi schemi ho visto modificare, in corso d'opera, alcune lavorazioni, affidare i compiti ad altre persone o spostare alcune risorse a lavorazioni più adatte alle loro caratteristiche, il tutto a vantaggio sia dell'azienda che soprattutto del cliente. Raggruppando poi tutte le tempistiche delle varie commesse, oltre che al singolo dettaglio, hai un riscontro generale per centri di costo o per cantiere. Puoi avere una statistica sull'impiego delle ore lavorate e una visione su interi reparti e su intere lavorazioni.

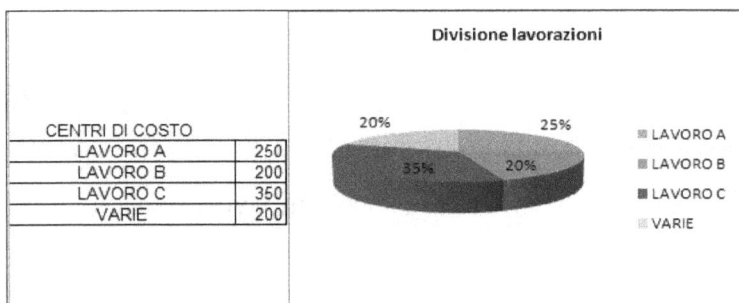

CENTRI DI COSTO	
LAVORO A	250
LAVORO B	200
LAVORO C	350
VARIE	200

Logicamente una commessa deve avere un risultato economico positivo anche per coprire le spese comuni di struttura, quindi nel lavoro che andiamo a esaminare è importante verificare la redditività, considerando anche un assorbimento di tali somme. Proprio per questo motivo, al fine di non perdere per la strada una buona parte di oneri comuni, è buona norma inserire nel conteggio anche una loro percentuale di incidenza sui ricavi, estrapolata possibilmente dal budget dell'anno in corso.

Le ditte che applicano tecniche di pianificazione come budget sono di norma avvantaggiate nella definizione del dato da inserire perché oltre a essere controllato a preventivo di solito è anche verificato periodicamente a consuntivo.

Le imprese che non si avvalgono di tali riscontri, invece, possono estrapolare la percentuale in questione, sulla base del bilancio dell'esercizio precedente. Questa può essere considerata una modalità meno precisa di quella sopra descritta poiché ci si basa su dati passati, ma se le percentuali vengono controllate periodicamente, verificando con delle situazioni economiche intermedie, si può arrivare talvolta a dei risultati più approssimativi ma attendibili.

Per avere un parametro molto semplice, potremo valutare di avere guadagni per esempio non inferiori al 30% prima dell'imputazione dei costi di struttura, che per ipotesi potrebbero risultare pari a un 15% del fatturato. A questo punto un conteggio molto veloce è dato dal fatto che se ho un primo margine del 30% e il 15% è rappresentato dalle spese generali indirette, avrò un guadagno medio del 15%. Per rimanere, dunque, con uno standard di utile minimo ammissibile non bisognerebbe scendere, già dalla prima fase, sotto un guadagno del 30%. Ma cosa succede quando i concorrenti abbassano i prezzi? Teoricamente il costo dovrà rappresentare l'importo minimo del prezzo accettabile per cui, finché l'azienda ha un euro di profitto, sarebbe in grado di affrontare una commessa per utilizzare la capacità produttiva che risulta talvolta sottoutilizzata. Quindi, in questo caso, l'ordinativo potrebbe risultare adatto per avere continuità nel lavoro non riducendo la struttura, poiché si riuscirebbero a coprire le spese fisse.

Certo, si può fare una volta, due volte, ma poi? Chiaramente diventa una strategia insostenibile in quanto basterebbe un disguido, un ritardo di pagamento o un imprevisto a far crollare tutto il castello: il mancato guadagno si ripercuoterebbe inevitabilmente sulla parte finanziaria che comincerà prima o poi a soffrirne.

Quindi il controllo delle commesse, come tutto il sistema di contabilità analitica in generale, è fondamentale oltre che nei momenti in cui hai tanto lavoro, anche in periodi di crisi. In questi frangenti occorre monitorare, perfino più di prima, l'andamento e le vere redditività per commessa in maniera tale da sapere se è preferibile diminuire o no i prezzi in caso di gara. In queste circostanze non ci si può permettere di perdere dei lavori, anche se rendono meno che in altri periodi. L'importante è che non vadano a pregiudicare quel minimo di redditività che permette di rimunerare una parte di costi fissi.

SEGRETO n. 13: sulla base dei tuoi costi stabilisci, prima di ogni controllo, uno standard di guadagno sotto il quale la resa della commessa non dovrebbe scendere.

L'importanza del controllo della commessa in corso d'opera
Nello schema controllo commesse/cantieri che ritroviamo sotto, otteniamo il costo preventivato e il consuntivo per verificare la differenza conseguita tra quanto è stato calcolato e quanto effettivamente è venuto a costare il lavoro eseguito. La consuntivazione permette di migliorare le capacità gestionali dei preposti ai preventivi e alla gestione delle commesse agevolandoli a organizzare meglio le ordinazioni future.

Gli obiettivi previsti dall'offerta dovrebbero essere posti a confronto, durante tutta la lavorazione della commessa, con delle sistematiche quotazioni aggiornate che determinano una stima dei risultati che si avranno alla fine della stessa. Il controllo continuo dell'evoluzione dei lavori permette di avere dati a consuntivo su quanto già fatto. Tramite la loro analisi, facendo il paragone con gli scostamenti, si possono riuscire anche a individuare le azioni correttive necessarie per rimanere negli obiettivi pronosticati.

Per verificare se la commessa sta procedendo secondo quanto atteso, è rilevante l'indicazione della percentuale di avanzamento lavoro da evidenziare nello schema anche con l'ausilio dei colori. Questa informazione ti permette di verificare in corso d'opera se il costo che stai sostenendo è proporzionale all'avanzamento dei lavori.

Come puoi notare, nella seconda riga della figura sottostante ho inserito un colore giallo che indica che la commessa è ancora in corso. Essendo però al 35% del lavoro, l'onere attuale non è equilibrato alla percentuale di lavorazione e di conseguenza risulta essere troppo alto nei confronti dei costi totali preventivati.

%	Avanzamento	Codice Commessa	Costo diretto materie e servizi	Costo ore consuntivo	Totale Costi diretti	Totale ricavi-ordini	Margine primo	% Margine	% Costi fissi sui ricavi	Totale Costi Generali	Margine netto	% Margine netto	Costo preventivo	Scostam. costo	Note
	Schema controllo commesse/cantieri								10%						
100%	FINITO	PG70I	€ 3.350,00	€ 202,50	€ 3.552,50	€ 6.000,00	€ 2.447,50	40,79%	€ 600,00	€ 4.152,50	€ 1.847,50	31%	€ 5.000,00	€ 847,50	
35%	IN CORSO	PG70M	€ 2.550,00	€ 224,00	€ 2.774,00	€ 5.500,00	€ 2.726,00	49,56%	€ 550,00	€ 3.324,00	€ 2.176,00	40%	€ 4.600,00	€ 1.276,00	ATTENZIONE

Potrebbe trattarsi di un campanello d'allarme per la direzione e le giustificazioni, in questo caso, potrebbero essere tante. In circostanze simili è utile però verificare che cosa effettivamente stia succedendo, durante lo svolgimento del lavoro, per accertarsi in anticipo di non andare in perdita.

La cosa determinante è anticipare la situazione conclusiva, proiettando l'analisi dei risultati alla fine della commessa.

Il preventivo viene aggiornato con l'inserimento delle nuove ipotesi a finire sui costi. Da qui è facile arrivare a costruire un indice significativo di performance della commessa, per avere prima della fine del lavoro una visione di ciò che potrebbe essere la differenza tra il risultato economico effettivo e quello calcolato in sede di offerta. Questo indicatore è dato dal rapporto tra il margine economico aggiornato con il risultato previsto. Il guadagno aggiornato è determinato facendo la differenza tra i ricavi dell'ordine del progetto detratti i costi sostenuti sino al momento del controllo, oltre che gli oneri che si dovranno ancora sostenere per terminare la commessa.

A	Ricavi di commessa come da ordine	€ 12.000,00
B	Costi sostenuti al momento del controllo	-€ 5.000,00
C	Costi a finire rimanenti da sostenere	-€ 2.900,00
D	Margine aggiornato previsto a finire (A-B-C)	€ 4.100,00
E	Margine preventivato in sede di offerta	€ 3.700,00
	Indice (D/E)	⬆ 1,11%

Il rapporto maggiore di uno individua che l'indice è positivo. Infatti, più l'indicatore è superiore a uno e migliore risulta l'esecuzione del lavoro riguardo al programma. Per il calcolo dei costi a finire si possono anche considerare gli oneri già "impegnati" destinati alla commessa in esame.

Tali valori sono spese quali, per esempio, materiali già ordinati al fornitore ma non ancora ricevuti in azienda, importi che l'amministrazione potrà registrare in contabilità solo in seguito all'effettiva ricezione. Questa informazione potrebbe anche variare in situazioni imprevedibili, ma nello stesso tempo può consentire di presumere quali saranno i consuntivi finali.

SEGRETO n. 14: è fondamentale conoscere i risultati delle commesse in corso d'opera, perché se si discostano da quanto previsto, si può fare in tempo a correggerne il tiro.

Come affiancare al controllo il diagramma di Gantt

Per avere un riscontro nell'economicità e nella programmazione dei tempi delle commesse è utile far utilizzare ai tecnici addetti alle verifiche semplici grafici che possono aiutare nel controllo dell'avanzamento lavori, nella pianificazione e nella programmazione delle operazioni. Per questo fine può essere utile il diagramma di Gantt.

Esempio di Diagramma di Gantt											
			Programma Attività								
Descrizione	mag-10	giu-10	lug-10	ago-10	set-10	ott-10	nov-10	dic-10	gen-11	feb-11	mar-11	apr-11
Lavorazione 1											
Lavorazione 2											
Lavorazione 3											
Legenda : Preventivo											
Consuntivo											

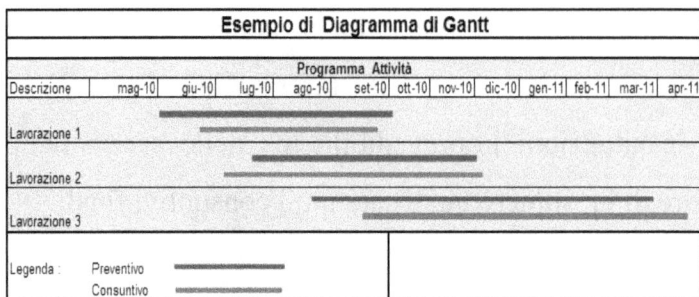

Questo tipo di rappresentazione grafica prende il nome del suo creatore, l'ingegnere statunitense che lo ideò nel 1917, Henry Laurence Gantt. Esso è utile per la coordinazione dei progetti, per visualizzare in modo semplice le diverse attività e per mettere in chiaro la durata e l'avanzamento di un progetto. In questo strumento vengono specificate le attività necessarie per il raggiungimento degli obiettivi prefissati e si stabilisce il limite di durata per la fine del progetto, per poi verificarne, in seguito, il tempo realmente utilizzato per ciascuna attività.

Il diagramma può essere anche integrato con altre informazioni, quali per esempio la percentuale di compimento delle operazioni lavorative. Quest'ultima è molto utile poiché aiuta la funzione amministrativa nel verificare la percentuale di scostamento in funzione dell'avanzamento delle commesse, come abbiamo già visto precedentemente.

Dall'aggiornamento del diagramma si delinea immediatamente se l'esecuzione delle opere sia in ritardo oppure no, e si percepiscono gli effetti che le variazioni dei programmi di lavoro possono avere sulle varie attività collegate tra loro. Di conseguenza ci si può attendere se ciò può causare ritardi di consegna che alla fine portano a un aggravio di spese. Si desumerà inoltre come sta andando la commessa e, se risulti necessario, può essere interessante per riprogrammare le tempistiche per rientrare nell'obiettivo quantificato inizialmente.

SEGRETO n. 15: per avere una maggiore ottimizzazione delle risorse, utilizza il diagramma di Gantt che ti consente una simultanea visualizzazione delle attività a preventivo e a consuntivo.

RIEPILOGO DEL CAPITOLO 3:

- SEGRETO n. 11: solo se tutto il flusso di produzione dall'offerta alla vendita segue un codice, si potrà avere un controllo analitico adeguato.

- SEGRETO n. 12: tramite un attento controllo delle attività puoi anche scoprire gli sprechi nelle lavorazioni.

- SEGRETO n. 13: sulla base dei tuoi costi stabilisci, prima di ogni controllo, uno standard di guadagno sotto il quale la resa della commessa non dovrebbe scendere.

- SEGRETO n. 14: è fondamentale conoscere i risultati delle commesse in corso d'opera, perché se si discostano da quanto previsto, si può fare in tempo a correggerne il tiro.

- SEGRETO n. 15: per avere una maggiore ottimizzazione delle risorse, utilizza il diagramma di Gantt che ti consente una simultanea visualizzazione delle attività a preventivo e a consuntivo.

CAPITOLO 4:

Come controllare i centri di costo

«Misura ciò che è misurabile e rendi misurabile ciò che non lo è».
Galileo Galilei

Ci sono imprese che hanno, in più stabilimenti, vari cantieri aperti che ai fini dei nostri controlli possono essere considerati come fossero centri di responsabilità o di costo. Si dovrebbe perciò esaminare la sommatoria delle commesse, come elemento da porre sotto esame, mettendole a confronto per vedere la media di redditività che il cantiere o il cliente determina.

Eseguire questo tipo di verifica, oltre ad appurare la redditività, può servire per riscontrare se la fatturazione avviene o no nei tempi giusti, dato che si può rilevare quando i costi diretti sono superiori ai ricavi. Come ho potuto verificare, ciò può effettivamente accadere anche più spesso di quanto potrebbe sembrare. Ho davanti a me l'esempio di una piccola impresa del settore metalmeccanico che lavorava prevalentemente su commessa. L'amministrazione dell'impresa verificava le attività alla fine dei lavori e questi risultavano quasi sempre essere discretamente redditizi. Non veniva però messo in risalto il fatto che per fatturare occorreva lo sblocco tramite permessi da parte dall'appaltatore, come previsto dagli accordi contrattuali. Le autorizzazioni, però, venivano rilasciate davvero molto lentamente.

Esaminando, infatti, il cantiere nel suo insieme si notava che mensilmente i costi superavano i ricavi, continuativamente ogni mese. Quindi i lavori in corso si sommavano l'uno all'altro, mese dopo mese, e in questo caso il vantaggio era solo del cliente al quale venivano consegnate in ritardo le fatture di importanti somme che pagava dopo 90/120 giorni dalla data di fatturazione.

In definitiva, la piccola impresa metalmeccanica faceva da banca al suo cliente. Questa prassi è una cosa molto comune purtroppo, soprattutto per chi lavora con grossi committenti. Le piccole imprese, infatti, pur di lavorare, si trovano a volte costrette a sottostare a lunghissimi tempi di approvazione degli stati di avanzamento lavoro da parte del cliente. A questo si deve aggiungere che spesso si ritrovano a sopportare tempi di incasso lunghissimi. Se poi consideriamo, non di rado, le inefficienze interne che portano a fare i conteggi dei lavori da fatturare in tempi lunghi, ecco che peggioriamo la liquidità aziendale poiché ci si trova a pagare i debiti delle materie, i costi del personale senza avere un adeguato incasso per i ricavi scaturiti proprio da questi costi.

In questo caso fortunatamente l'azienda dalla quale ho preso questo esempio aveva un buon rating creditizio ed era quindi ben affidata dal sistema bancario. Infatti, la ditta, nei mesi in cui il grosso cliente non pagava, aveva la possibilità di utilizzare fidi bancari i quali comunque costavano interessi e oneri bancari, che non sempre potevano essere ribaltati al cliente.

Dall'esempio nella figura riportata, puoi fare un riepilogo per ogni cantiere/cliente della somma di tutte le commesse per il periodo che vuoi tenere sotto esame. Il mio consiglio è quello di fare questo tipo di operazione mensilmente.

MESE GENNAIO										
CANTIERE - CLIENTE A	COSTO MATERIE	COSTO PERSONALE	COSTI ESTERNI E ALTRI COSTI DIRETTI	TOTALE COSTI	FATTURATO	PRIMO MARGINE	% PRIMO MARGINE	% COSTI STRUTTURA 10%	SECONDO MARGINE	% SECONDO MARGINE
COMMESSA 1	€ 12.000,00	€ 5.000,00	€ 3.000,00	€ 20.000,00	€ 28.000,00	€ 8.000,00	29%	€ 2.800,00	€ 5.200,00	19%
COMMESSA 2	€ 14.568,00	€ 8.790,00	€ 1.500,00	€ 24.858,00	€ 32.000,00	€ 7.142,00	22%	€ 3.200,00	€ 3.942,00	12%
COMMESSA 3	€ 12.400,00	€ 14.500,00	€ 1.000,00	€ 27.900,00	€ 27.000,00	-€ 900,00	-3%	€ 2.700,00	-€ 3.600,00	-13%
TOTALE CANTIERI	38.968,00	28.290,00	5.500,00	72.758,00	87.000,00	14.242,00	16%	8.700,00	5.542,00	6%

In questi schemi puoi verificare cosa succede con il cliente ipotetico A e con quello B. Puoi vedere che nello schema sono riepilogati i costi diretti che, con il loro totale detratto dal fatturato, danno un primo margine, così come avevamo già visto per le commesse nel capitolo precedente. Anche qui conviene verificare un secondo margine inserendo i costi di struttura.

MESE GENNAIO										
CANTIERE - CLIENTE B	COSTO MATERIE	COSTO PERSONALE	COSTI ESTERNI E ALTRI COSTI DIRETTI	TOTALE COSTI	FATTURATO	PRIMO MARGINE	% PRIMO MARGINE	% COSTI STRUTTURA 10%	SECONDO MARGINE	% SECONDO MARGINE
COMMESSA A	€ 10.000,00	€ 3.450,00	€ 1.200,00	€ 14.650,00	€ 20.000,00	€ 5.350,00	27%	€ 2.000,00	€ 3.350,00	17%
COMMESSA B	€ 1.290,00	€ 4.560,00	€ 215,00	€ 6.065,00	€ 7.000,00	€ 935,00	13%	€ 700,00	€ 235,00	3%
COMMESSA C	€ 5.670,00	€ 8.970,00	€ 1.300,00	€ 15.940,00	€ 21.000,00	€ 5.060,00	24%	€ 2.100,00	€ 2.960,00	14%
TOTALE CANTIERE CLIENTE B	16.960,00	16.980,00	2.715,00	36.655,00	48.000,00	11.345,00	24%	4.800,00	6.545,00	14%

Dopo i riepiloghi mensili con la sommatoria delle commesse abbiamo un totale da riportare nel riassunto periodico inserendo la somma complessiva generale mensile nella sintesi finale, nella quale puoi trovare costi, ricavi e margini. Questi modelli devono servirti come base. Ricordati però: se mantieni i soliti principi, li puoi organizzare secondo i tuoi schemi mentali oppure puoi andare ancora di più a fondo nel dettaglio secondo le tue esigenze.

MESI	RIEPILOGHI CANTIERI /CLIENTE	TOTALE COSTI	FATTURATO	PRIMO MARGINE	% PRIMO MARGINE	% COSTI STRUTTURA 10%	SECONDO MARGINE	% SECONDO MARGINE
GENNAIO	CANTIERE A	€ 72.758,00	€ 87.000,00	€ 14.242,00	16%	€ 8.700,00	€ 5.542,00	6%
GENNAIO	CANTIERE B	€ 36.655,00	€ 48.000,00	€ 11.345,00	24%	€ 4.800,00	€ 6.545,00	14%
GENNAIO	TOTALE CANTIERI/ CLIENTI	109.413,00	135.000,00	25.587,00	19%	13.500,00	12.087,00	9%

MESI	RIEPILOGHI CANTIERI /CLIENTE	TOTALE COSTI	FATTURATO	PRIMO MARGINE	% PRIMO MARGINE	% COSTI STRUTTURA 10%	SECONDO MARGINE	% SECONDO MARGINE
GENNAIO	TOT. CANTIERI	€ 109.413,00	€ 135.000,00	€ 25.587,00	19%	€ 13.500,00	€ 12.087,00	9%
FEBBRAIO	TOT. CANTIERI							
MARZO	TOT. CANTIERI							
APRILE	TOT. CANTIERI							
TOTALE	TOTALE CANTIERE /CLIENTI	109.413,00	135.000,00	25.587,00	19%	13.500,00	12.087,00	9%

SEGRETO n. 16: tieni un riepilogo della redditività per i vari cantieri o clienti sia per avere sotto esame la loro redditività che per verificare se le fatturazioni sono eseguite nei tempi

giusti.

Come avviene l'attribuzione dei costi indiretti

Sino a questo momento abbiamo visto un sistema di imputazione dei costi inserendo per le spese fisse di struttura una percentuale calcolata sui ricavi. Di solito si introduce questa misura quando si utilizza un controllo di contabilità analitica di base tramite l'utilizzo di fogli di calcolo.

Ora invece vediamo come potrebbe avvenire un'imputazione di costi indiretti in un'impresa che utilizza software specializzati e ha la possibilità di far confluire nei conti della contabilità industriale tutti i costi imputati direttamente dalla prima nota della contabilità generale. Per la giusta collocazione dei costi occorre individuare i costi diretti e quelli indiretti.

I primi, come abbiamo visto, sono facilmente calcolabili mentre i costi indiretti vengono attribuiti con metodo di ripartizione soggettivo che dovrebbe essere scelto dall'azienda a seconda delle particolarità della produzione. È importante evidenziare che la diversificazione tra un sistema di ripartizione invece che un altro può far nascere anche notevoli differenze nei risultati economici netti nei prodotti, commesse e centri di costo. In pratica con uno dei criteri selezionati viene quantificato un coefficiente tramite il quale saranno distribuiti i costi generali ai centri di costo oppure alle commesse. Alcuni dei parametri di ripartizione che vengono utilizzati maggiormente sono:

- le ore di lavoro per manodopera diretta;
- il costo di manodopera diretta;
- la quantità di materie prime utilizzate;
- il costo diretto delle materie prime;
- il valore aggiunto per prodotto;
- le ore-macchina quando la fabbricazione è largamente automatizzata.

Si può prendere spunto da esempi di due centri di costo con soluzioni diverse di ribaltamento, A e B, per le quali si ripartiscono le solite spese in modo differente. Nella prima modalità si possono utilizzare come base di partizione gli oneri per i dipendenti, e nella seconda soluzione, invece, ci si può avvalere delle spese dirette per le materie.

Il totale dei costi indiretti non ripartibili direttamente è di 200 euro. Sulla base di quanto detto sopra, nell'esempio A occorre adottare come criterio di ripartizione il costo del personale, per un totale di 500 euro.

SOLUZIONE A	SCHEMA CENTRI DI COSTO	REPARTO A	%	REPARTO B	%	TOTALE REPARTI A+B	%	COSTI GENERALI COMUNI
	RICAVI	€ 2.000,00		€ 1.450,00		€ 3.450,00		
COSTI DIRETTI								
	MATERIE	-€ 1.000,00		-€ 800,00		-€ 1.800,00		
	COSTI DEL PERSONALE	-€ 400,00		-€ 100,00		-€ 500,00		
	PRESTAZIONI DI TERZI	-€ 90,00		-€ 90,00		-€ 180,00		
	CONSUMI DIRETTI	-€ 10,00		-€ 10,00		-€ 20,00		
	TOTALE COSTI DIRETTI	-€ 1.500,00		-€ 1.000,00		-€ 2.500,00		
PRIMO MARGINE LORDO	RICAVI -TOT.COSTI DIRETTI	€ 500,00	25%	€ 450,00	31%	€ 950,00	28%	
	RIBALTAMENTO COSTI GENERALI COMUNI							€ 200,00
	RIBALTAMENTO COSTI RIPARTITI SOGGETTIVAMENTE SECONDO COSTI DEL PERSONALE	-€ 160,00		-€ 40,00				
TOTALE SECONDO MARGINE LORDO	PRIMO MARGINE-COSTI COMUNI	€ 340,00	17%	€ 410,00	28%	€ 750,00	22%	

Dopo aver visto dallo schema come si ribaltano i costi indiretti, si può constatare come sono stati calcolati e suddivisi a seconda del coefficiente di riparto adoperato.

SOLUZIONE A			
Il totale dei costi Indiretti		€	200,00
Personale	€ 500,00		
Suddivisione costo in %			
TOT. REPARTO A=	€ 400,00	80,00%	CALCOLATA =400/500%
TOT. REPARTO B=	€ 100,00	20,00%	CALCOLATA =100/500%
TOTALE =	€ 500,00	100,00%	

Si ottiene che i costi indiretti andranno così suddivisi

Costi Comuni				
€	200,00	200x 80%=	€ 160,00	IMPUTARE REP.A
		200X 20%=	€ 40,00	IMPUTARE REP.B

Nell'esempio B viene preso come riferimento il metodo di imputazione del costo delle materie in questo caso 1.800 euro.

SOLUZIONE B	SCHEMA CENTRI DI COSTO	REPARTO		REPARTO		TOTALE REPARTI		COSTI
		A	%	B	%	A+B	%	GENERALI COMUNI
	RICAVI	€ 2.000,00		€ 1.450,00		€ 3.450,00		
COSTI DIRETTI								
	MATERIE	-€ 1.000,00		-€ 800,00		-€ 1.800,00		
	COSTI DEL PERSONALE	-€ 400,00		-€ 100,00		-€ 500,00		
	PRESTAZIONI DI TERZI	-€ 90,00		-€ 90,00		-€ 180,00		
	CONSUMI DIRETTI	-€ 10,00		-€ 10,00		-€ 20,00		
						€ -		
	TOTALE COSTI DIRETTI	-€ 1.500,00	60%	-€ 1.000,00	40%	-€ 2.500,00		
PRIMO MARGINE LORDO	RICAVI -TOT.COSTI DIRETTI	€ 500,00	25%	€ 450,00	31%	€ 950,00	28%	
	RIBALTAMENTO COSTI GENERALI COMUNI							€ 200,00
	RIBALTAMENTO COSTI RIPARTITI SOGGETTIVAMENTE SECONDO COSTI DELLE MATERIE	-€ 111,11		-€ 88,89				
TOTALE SECONDO MARGINE LORDO	PRIMO MARGINE -COSTI COMUNI	€ 388,89	19%	€ 361,11	25%	€ 750,00	22%	

Come si può verificare, il risultato al lordo dei costi indiretti nei due centri di costo rimane il solito, mentre varia il risultato netto.

Infatti, nel reparto A passa da 340 euro a 388,89 euro nella soluzione B, e parte da 410 euro nel settore A per arrivare a 361,11 euro nella divisione B.

SOLUZIONE B				
Il totale dei costi Indiretti			€	200,00
Materie	€ 1.800,00			
Suddivisione costo in %				
TOT. REPARTO A=	€ 1.000,00	55,6%	CALCOLATA =1000/1800%	
TOT. REPARTO B=	€ 800,00	44,4%	CALCOLATA =800/1800%	
TOTALE =	€ 1.800,00	100,00%		

Si ottiene che i costi indiretti andranno così suddivisi

Costi Comuni		200x 55,6%=	€	111,11	IMPUTARE REP.A
€	200,00	200X 44,4%=	€	88,89	IMPUTARE REP.B

Quale dei due metodi è il più giusto? La risposta esatta è: adeguare il più possibile il sistema all'azienda. Per rendere più semplice l'idea si può prendere in esame il caso di due grossi clienti che costituiscono a loro volta dei cantieri dentro i quali confluiscono i risultati delle commesse: nel primo i ricavi sono dovuti soprattutto all'utilizzo di manodopera, in quanto sono servizi di manutenzione e il costo del materiale è poco significativo.

Nel secondo, invece, ipotizzando lavori di impiantistica, vi confluiscono sia manodopera che materiale, con preponderante incidenza, in questo specifico caso, delle materie sul totale dei costi della commessa. Se si utilizza un coefficiente unico di riparto, per esempio le ore di manodopera, i risultati potrebbero risultare poco significativi, poiché si avrebbe una imputazione maggiore di costi indiretti al cantiere che utilizza in maniera preponderante manodopera.

Il totale dei costi indiretti				€	200,00
Costo del personale		€	500,00		
Suddivisione costo in %				%	
TOT. REPARTO A=		€	450,00	90,00%	CALCOLATA =450/500 %
TOT. REPARTO B=		€	50,00	10,00%	CALCOLATA =50/500 %
TOTALE =		€	500,00	100,00%	

Si ottiene che i costi indiretti andranno così suddivisi

Costi Comuni		200 X	90,00%	€	180,00	IMPUTARE REP.A
€	200,00					
		200 X	10,00%	€	20,00	IMPUTARE REP.B

Stessa cosa se ci si basa su un coefficiente di riparto relativo alla ripartizione di materie; in questa casistica si avrebbe il problema contrario: laddove ci sono tante ore di lavoro si avrebbero pochissimi costi indiretti imputati.

Serve, dunque, verificare altri metodi di ribaltamento come, per esempio, basarsi sulla spesa assorbita dal centro di costo, cantiere o commessa, sul totale generale dei costi, e proporzionalmente, ripartire gli oneri indiretti. Per esempio, su un totale generale di oneri aziendali di 2.500 euro, i costi sostenuti nel reparto A sono 1.500 euro quindi il 60%, e nel reparto B sono 1.000 euro, perciò il 40%. In questo caso, il risultato caso più equo sarà il seguente.

Ripartizione su totale costi				
Il totale dei costi indiretti			€	200,00
Suddivisione costo in %				
TOT. REPARTO A=	-€ 1.500,00	60,00%	CALCOLATA =1500/2500 %	
TOT. REPARTO B=	-€ 1.000,00	40,00%	CALCOLATA =1000/2500 %	
TOTALE =	-€ 2.500,00	100,00%		
Si ottiene che i costi indiretti andranno così suddivisi				
Costi Comuni	200 X	60,00%	€ 120,00	IMPUTARE REP.A
€ 200,00				
	200 X	40,00%	€ 80,00	IMPUTARE REP.B

Dopo queste varie considerazioni è immediato riscontrare che non è difficile andare fuori strada in caso di richiesta di prezzi basati sul sistema a costi pieni, chiamato anche full costing.

SEGRETO n. 17: nella scelta del criterio di imputazione delle spese comuni, trova quello più adatto alla tua impresa per far sì che i costi indiretti vengano distribuiti equamente.

Il sistema a full costing e il direct costing

A seconda dell'azienda o del settore di appartenenza è utile verificare se conviene utilizzare un sistema di contabilità dei costi a full costing o a direct costing (costi diretti). Storicamente il sistema a full costing ha dominato le prassi aziendali ma negli ultimi anni, grazie anche al crescente clima competitivo dei mercati, si evidenzia un aumento al ricorso del metodo a direct costing.

Nonostante la maggioranza prediliga implementare il sistema a full costing, io, in genere, preferisco attivare un sistema a costi diretti proprio per evitare le possibili "distorsioni" derivanti dal ribaltamento delle spese indirette. Per elaborare i preventivi o i prezzi dei prodotti, solitamente si procede a calcolare i materiali che occorrono per la lavorazione e la manodopera, e successivamente si aggiunge ai valori ottenuti una percentuale per il nostro profitto; spesso poi si aggiunge al prezzo complessivo del lavoro una percentuale che rappresenta le spese generali di struttura. Utilizzando questo criterio a costi pieni puoi rischiare di attribuire ai lavori/prodotti più spese fisse di quelle davvero sostenute.

Attenzione però che il mercato è sempre più concorrenziale e se utilizzi sempre questo sistema puoi rischiare di inserire nei prezzi di vendita troppi costi che potrebbero farti perdere degli acquirenti. Proprio nel ripartire una percentuale dei costi indiretti sulle commesse si rischia di perdere, o anche di non accettare, dei contratti e delle vendite che invece potrebbero essere remunerativi.

SEGRETO n. 18: fai attenzione a non imputare troppi costi fissi nei tuoi preventivi perché, anche se puoi aumentare gli utili, nello stesso tempo rischi di perdere dei lavori.

Come scegliere se aumentare o diminuire le produzioni
Dal controllo delle produzioni per singolo centro di costo ci si può rendere conto se il settore è redditizio, e inoltre si può entrare più nel dettaglio per verificare se lo sono anche i singoli articoli

prodotti nel reparto. Facendo questo tipo di riscontro dettagliato in un'azienda che si occupava di commercializzazione e lavorazione di materiale lapideo, ci si è resi conto che uno dei manufatti lavorati tra i più richiesti in realtà aveva pochissima redditività, anzi spesso laddove gli scarti della pietra aumentavano, il guadagno per ogni lotto di produzione da inviare al cliente estero, andava spesso in perdita già con la sola imputazione dei costi diretti. Continuando la vendita di questa tipologia di pietra lavorata, l'azienda alla fine produceva solo debito verso i suoi fornitori e andava a mangiarsi buona parte di utile che le altre tipologie di materiale creavano.

La direzione della società, preso atto di ciò che accadeva, dopo un periodo significativo di analisi, si trovò di fronte a una scelta difficile. Queste le considerazioni:

a) continuare a produrre in perdita compromettendo gli utili ottenuti dagli altri prodotti, mantenendo però i rapporti con il cliente;

b) abbandonare quel tipo di produzione rischiando di perdere una buona fetta di fatturato, oltre che pregiudicare i rapporti con il compratore;

c) lasciare via libera alla concorrenza che, una volta entrata, poteva mettere a rischio la vendita anche di altre tipologie di materia lavorata.

Anno 2011	Produzione					
Resa per centro produzione	numeri spedizioni effettuate di prodotto intero	Ricavo Totale	Costo Diretto di Produzione totale	Risultato da produzione		Media % margine per ogni Tipo sul tot. venduto
Prodotto A	20	€ 650.000,00	€ 691.000,00	-€ 41.000,00		-6,31%
Prodotto B	24	€ 1.020.000,00	€ 814.989,66	€ 205.010,34		20,10%
Prodotto C	18	€ 789.000,00	€ 600.000,00	€ 189.000,00		23,95%
totale	62	€ 2.459.000,00	€ 2.105.989,66	€ 353.010,34		14,36%

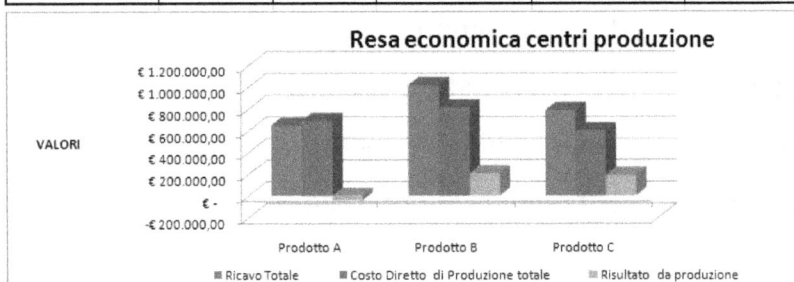

La scelta giusta, anche se molto sofferta, è stata quella di abbandonare il prodotto che erodeva utili. È stato dato il tempo necessario al cliente estero di trovare alternative valide dopodiché, nel giro di qualche mese, l'azienda si è concentrata solo sui prodotti remunerativi.

Il cliente straniero ha diminuito gli ordinativi anche di altri materiali poiché come previsto li acquistava dalla concorrenza.

Questo però non ha danneggiato più di tanto l'azienda italiana che nonostante la perdita di una porzione significativa di fatturato ha comunque aumentato gli utili poiché quelli che venivano ottenuti da altri prodotti non venivano erosi da una produzione in perdita.

L'azienda locale, inoltre, non ha sentito più di tanto la perdita di fatturato anche perché la maggior parte della lavorazione era eseguita da terzisti quindi, diminuendo gli ordinativi, di conseguenza sono diminuiti i costi di acquisto materiali e delle lavorazioni verso terzi. Comunque, se non fosse stato eseguito un controllo sistematico con i metodi di contabilità industriale, la direzione avrebbe visto, come sempre negli anni, gli utili dal bilancio ma non si sarebbe accorta che poteva averne molti di più e con meno debiti verso le imprese esterne.

SEGRETO n. 19: se controlli sistematicamente la produzione con la contabilità industriale riesci a capire se è il caso di aumentare alcune produzioni ed eliminare quelle non redditizie.

RIEPILOGO DEL CAPITOLO 4:

- SEGRETO n. 16: tieni un riepilogo della redditività per i vari cantieri o clienti sia per avere sotto esame la loro redditività che per verificare se le fatturazioni sono eseguite nei tempi giusti.

- SEGRETO n. 17: nella scelta del criterio di imputazione delle spese comuni, trova quello più adatto alla tua impresa per far sì che i costi indiretti vengano distribuiti equamente.

- SEGRETO n. 18: fai attenzione a non imputare troppi costi fissi nei tuoi preventivi perché, anche se puoi aumentare gli utili, nello stesso tempo rischi di perdere dei lavori.

- SEGRETO n. 19: se controlli sistematicamente la produzione con la contabilità industriale riesci a capire se è il caso di aumentare alcune produzioni ed eliminare quelle non redditizie.

Conclusione

Immergendoti in questa guida sul controllo dei costi e degli sprechi, ti sarai sicuramente reso conto quanti soldi sia possibile evitare di gettare via in azienda se si lavora bene sin dal principio. Utilizza il sistema dei costi della non qualità per quantificare le carenze interne ed esterne e proponiti un programma per combattere i costi inutili, oltre che per il miglioramento aziendale realizzabile in un arco di tempo ragionevole.

Cerca di concentrarti sui problemi rilevanti ricordandoti anche del "principio 80/20" di Pareto, senza perdere tempo a esaminare questioni peregrine nei minimi dettagli. Coinvolgi il personale per far sì che il sistema funzioni. Controlla la tua produzione interna con il sistema di contabilità analitica, metti a confronto sistematicamente la redditività delle commesse, dei cantieri o dei centri di costo per avere sempre la possibilità di intervenire laddove serve.

Aiutati anche con i diagrammi di Gantt per programmare le differenti attività, rendendo chiari la durata e l'avanzamento delle lavorazioni. Verifica che non siano imputate al cliente le tue inefficienze, poiché egli è disposto a pagarle sino a quando non gli bussano alla porta i tuoi concorrenti. Anche in situazioni di utile globale dell'impresa verifica sempre quali sono i prodotti o servizi che rendono poco o, addirittura, intaccano l'utile ottenuto da altre produzioni e per il bene aziendale, prendi subito provvedimenti.

Ti invito dunque a metterti immediatamente in azione.

Buon lavoro,
Patrizio Gatti

Fonti bibliografiche

Barrie G. Dale, James J. Plunkett, *I costi della qualità*, Franco Angeli, Milano, 1998

Carlo Baù, Aldo Merico, *Quanto costa la qualità*, Il Sole 24 Ore Pirola, Milano, 1996

Masaaki Imai, *Gemba Kaizen: Come ottenere crescita e profitti con l'innovazione continua*, Il Sole 24 Ore, Milano, 2001

Ron Collard, *La Qualità Totale*, Franco Angeli, Milano, 1997

Imerio Facchinetti, *Contabilità analitica, calcolo dei costi e decisioni aziendali*, Il Sole 24 Ore, Milano, 1999

Dante Romanò, *Cantieri, Appalti e Commesse*, Buffetti Editore, Roma, 2005

Patrizio Gatti, *Amministrare l'Azienda*, Bruno Editore, Roma, 2008

www.ingramcontent.com/pod-product-compliance
Lightning Source LLC
Chambersburg PA
CBHW071607200326
41519CB00021BB/6905